Risotto

KARIN MESSERLI

Risotto

DIE BESTEN REZEPTE

Weltbild

Einkaufen im Internet:
www.weltbild.de

Genehmigte Lizenzausgabe für Verlagsgruppe Weltbild GmbH,
Steinerne Furt, 86167 Augsburg
Copyright der Originalausgabe © 2001 by AT Verlag,
Baden und München
Umschlaggestaltung: Waldmann & Weinold – Kommunikationsdesign, Augsburg
Umschlagmotiv: photocuisine (Rivière)
Gesamtherstellung: Typos, tiskařské závody, s.r.o., Plzeň
Printed in the EU
978-3-8289-1394-3

2011 2010 2009
Die letzte Jahreszahl gibt die aktuelle Lizenzausgabe an.

Risotto. Eines der bekanntesten Gerichte auf der Welt. Und eines, das jeder Mann und jede Frau (nach)kochen kann. Lassen Sie sich nicht durch die halbwissenschaftlichen Anleitungen und die unzähligen Tipps, die Wenn und Aber entmutigen. Einfach einen großen Holzrührlöffel fassen und sich rührend den eigenen Weg zum Risottoolymp bahnen. Mit der Zeit weiß man genau Bescheid: wie der Reis mit leiser Stimme im heißen Fett knistert (sotto voce). Wie es zischt, wenn der eiskalte Wein dazugegossen wird (damit er sich gleich in Dampf auflöst und nur das Aroma zurücklässt). Und wann der Reis trocken genug ist, um erneut mit heißer Bouillon benetzt zu werden (bagnare), damit er stetig, aber nicht zu rasch zu Risottoausmaßen quillt.

Ab der 17. Minute wird es aufregend. Dann nämlich, wenn die Bouillon samtig-cremig das Reiskorn umhüllt – die Italiener nennen es all'onda (auf der Welle) –, bestimmt jeder Risottokoch selbst über Biss und Cremigkeit. Und danach hat man noch etwa 3 Minuten Zeit: um etwas Butter und geriebenen Parmesan darunterzurühren (mantecare), den Risotto zugedeckt neben der Herdplatte stehen zu lassen, die Risottohungrigen an den Tisch zu bitten, die vorgewärmten Teller bereitzustellen, mit einer Kelle je eine gute Portion zu schöpfen, Pfeffer darüberzumahlen – und zu servieren. Nun kann jeder selbst, in aller Ruhe, noch etwas Parmesan darüberstreuen. Wenn er will. Aber nur wenig. Bitte.

Karin Messerli

Reissorten

Mittelkornreis, Typ Vialone oder Carnaroli, enthält reichlich Kleber: Das einzelne Korn quillt stark auf und bindet gleichzeitig die Flüssigkeit, bleibt aber al dente. Für Risotto nur Reissorten dieser Qualität verwenden. Kochzeit: 17–20 Minuten, wenn die Flüssigkeit heiß beigefügt wird. Insgesamt (mit Dünsten und Ziehenlassen) dauert es ca. 25 Minuten.

Arborio und Baldo sind zu weich für Risotto, behaupten einige, andere das Gegenteil. Ausprobieren, denn beide sind Superfino-Sorten. Sicher ist: Sie eignen sich hervorragend für süßen Reis (Milchreis), Reispudding usw. Sie binden die Flüssigkeit cremig und geschmeidig, sodass man auf Eier und Rahm verzichten kann. Und die bei uns (noch) nicht so bekannte Sorte Baldo ist zudem ideal für Paella und Reissalate.

Arroz Bomba (Calasparra Bomba): Weißes, rundliches bis mittelgroßes Korn von sehr guter Qualität, mit hohem Stärkegehalt, guter Körnigkeit und ausgezeichnet im Geschmack. Calasparra-Bomba-Reis ist eine Extra-Qualität mit Herkunftsgarantie (Denominación de Origen) aus der Gegend von Murcia. Kocheigenschaften ähnlich Risottoreis, mit gutem Quellvermögen (Verhältnis 1:3). Wird weich, aber verkocht nicht. Kochzeit: 18–20 Minuten. Mit reichlich Zutaten dauert es länger. Nimmt 3- bis 4-mal mehr Flüssigkeit auf.

Carnaroli ist der idealste Reis (Superfino-Qualität) für klassisch gerührten Risotto. Das Korn ist weich, mit Biss und die Flüssigkeit wird cremig gebunden. Wenn »ai pestelli« draufsteht, wurde der Reis mit einem mechanischen Mörser von der Spelze befreit (geschält). Diese Art von Verarbeitung hinterlässt auf dem Reiskorn einen feinen Stärkefilm, der die Bouillon bindet und dem Reiskorn den Biss lässt (deshalb nicht waschen).

Vialone Nano ist ein Semifino, der in der Gegend von Verona und Mantua angebaut wird. Dieser Reis kann bis zu 30 % mehr Flüssigkeit aufnehmen als andere Varietäten: Deshalb immer genügend Bouillon bereitstellen.

Mittelkorn-Vollreis, von Spelze und Keimling befreit, aber mit dem Silberhäutchen, der Schicht mit hohem Protein-, Vitamin- und Mineralstoffgehalt. Weil er nicht geschält ist, kann die Stärke die Flüssigkeit nicht wie für Risotto typisch binden. Den Reis zuerst spülen und 2–4 Stunden in kaltem Wasser quellen lassen, damit er gleichmäßiger gart. Kochzeit: bis zu 1 Stunde. Höchstens 6 Monate haltbar.

Sorten, Typen, Bezeichnungen: In der Po-ebene wird vor allem die Sorte Japonica, ein rundliches, milchiges Korn, angepflanzt. Je nach Länge der Reiskörner unterscheidet man Semifino, länger als 5,2 mm, und Fino, länger als 6,4 mm. Superfino bezeichnet besondere Qualitätsmerkmale. Comune bezeichnet die kurzen rundlichen Reissorten, z. B. Originario, die vor allem für Suppen verwendet werden. Sie haben eine Kochzeit von 12–14 Minuten.

Je nach Reissorte oder Herkunft ist das Quellvermögen des Korns unterschiedlich. Risottoreis aus Norditalien (Arborio, Carnaroli, Vialone Nano) braucht mehr Flüssigkeit und kocht schneller als Reis aus anderen Gegenden.

Praktisches

Reste von Risotto schmecken aufgewärmt nicht besonders. Die Gefahr, dass er verkocht, ist groß. Deshalb besser braten wie Riso al Salto, Seite 54.

Soffrito ist eine Würzbasis aus Zwiebeln oder Schalotten, manchmal Knoblauch und Kräutern, die in Butter, Olivenöl oder einer Butter-Öl-Mischung weich gedünstet wird.

Vorkochen ist möglich: Den Kochvorgang nach dem dritten Viertel Bouillon stoppen. Den Risotto sofort flach auf einem Blech verteilen, mit einem Kochlöffel Löcher machen, damit er schneller auskühlt (und nicht nachgart) und kalt stellen oder schockgefrieren. Kurz vor dem Servieren mit der restlichen Bouillon bissfest garen. Butter und Käse daruntermischen und ziehen lassen.

Vorrat: Risottoreis nicht zu lange aufbewahren: Er nimmt leicht Gerüche an. Mit Lorbeerblättern gemischt, gut verschlossen, kühl und dunkel lagern und innerhalb von 6–12 Monaten aufbrauchen.

Sprachliches

Al dente: Bei einem perfekten Risotto ist das Reiskorn in den Außenschichten weich, besitzt im Innern aber noch Biss.

All'onda, glänzend-fließend wie eine Welle (onda) muss ein Risotto auf dem Teller sein, jedes einzelne Reiskorn sichtbar. So mag man ihn in Venetien am liebsten. Kompakter wird Risotto im Piemont, in der Emilia Romagna und der Lombardei serviert.

Fondina: Angerichtet wird der Risotto meistens in Tellern mit leichter Vertiefung.

Mantecare (verwandt mit dem spanischen »mantequilla«, Butter) bezeichnet in Italien das Mischen mit Butter, Rahm, Mascarpone oder Olivenöl am Ende der Kochzeit. Eine Faustregel: Wenn man mit Butter beginnt, hört man auch mit Butter auf.

Maßeinheiten

Die Rezepte sind für 4–8 Personen berechnet.
Je nachdem, ob ein Risotto als Hauptgericht (zusammen mit einem Salat), als
Vorspeise oder als Zwischengang serviert
wird. Mengen pro Person: Hauptgericht
75–100 g, Vorspeise oder Beilage 40–50 g
Reis.

Wer mit Schärfe und Würze noch nicht so
vertraut ist, beginnt erst mit der jeweils
kleineren Mengenangabe. Das heißt, möglichst mit einem Maßlöffel abmessen,
um Überraschungen zu vermeiden. Und beachten, dass die Gewürze sich erst beim
Kochen entfalten, vor allem die Schärfe.

Dasselbe gilt für die Flüssigkeit: Je nach
Reissorte und -qualität ist das Quellvermögen unterschiedlich. Deshalb die Flüssigkeit nach und nach beifügen. Wenn zusätzlich sehr wasserhaltige Gemüse mitgekocht
werden, braucht es weniger Flüssigkeit.
Und dazu kommt, wie man den Risotto am
liebsten mag: suppig oder kompakter.

EL	Esslöffel, gestrichen voll, 12–15 g
TL	Teelöffel, gestrichen voll, 5–6 g
Prise	Menge, die zwischen zwei Fingern Platz hat
ml	Milliliter, 100 ml = 10 cl = 1 dl
50 ml	ca. 3–4 EL
100 ml	ca. 6–7 EL

Bouillonwürfel gehören in den Vorrat. Reis und ein Stück Parmesan auch. Damit kann – improvisiert oder nach Rezept – in weniger als einer halben Stunde ein Risotto serviert werden. Nicht mal die Italiener machen den »brodo« immer selbst. »I dadini« (Bouillonwürfel) gehören zur spontanen italienischen Küche. Unbestritten ist, dass hausgemachte Bouillons die besten sind. Sie würzen anders. Ihre Zubereitung ist einfach – es braucht nur wenige Zutaten und etwas Zeit. Und das Gute daran ist, dass man sie auf Vorrat kochen und 1 Woche im Kühlschrank oder 3–4 Monate im Tiefkühler aufbewahren kann. Übrigens: Für ein kleineres Volumen (konzentrierter) die Bouillon nach dem Auskochen und Absieben auf die Hälfte oder ein Drittel einkochen und in Portionen einfrieren.

Geflügelbouillon

Für 2 Liter

1 kg Hühnerkarkassen und -abattis (Rücken, Flügelspitzen)
200 g Hühnerflügel
2½ l kaltes Wasser
1 EL Salz
100 g helles Röstgemüse, z. B. Lauch, Sellerie, Zwiebel, Petersilienwurzel
1 Gewürzbeutelchen mit Pfefferkörnern, Gewürznelken, Thymian oder Rosmarin, Lorbeer

■ Die Hühnerkarkassen, -abattis und -flügel kurz blanchieren, herausnehmen und kalt abspülen.

■ Mit dem Wasser in einem großen Topf aufkochen, salzen. Bei kleiner Hitze 1 Stunde ziehen lassen, öfter abschäumen und nach Bedarf entfetten. Das Röstgemüse und das Gewürzbeutelchen beifügen. Knapp unter dem Siedepunkt nochmals 1 Stunde ziehen lassen. Die Bouillon passieren.

Fleischbouillon

Für 2 Liter

1 kg Kalbsknochen, zerkleinert
500 g Kalbsfüßchen, zerkleinert
Erdnussöl zum Rösten
250 g Röstgemüse, siehe Geflügelbouillon
2 EL Tomatenpüree
¼ l trockener Weißwein
3 l kaltes Wasser
1 EL Salz
1 Gewürzbeutelchen, siehe Geflügelbouillon

■ Die Kalbsknochen und -füßchen im Öl langsam anrösten (einfacher geht es auf einem Blech bei 225 Grad im Backofen). Das Röstgemüse und das Tomatenpüree beifügen, rösten. Mit wenig Wasser 2- bis 3-mal ablöschen, einkochen. Mit dem Wein ablöschen. Das Wasser dazugießen, aufkochen und salzen.

■ Knapp unter dem Siedepunkt 3–4 Stunden ziehen lassen, nach Bedarf abschäumen und entfetten. Nach 2 Stunden das Gewürzbeutelchen beifügen. Die Bouillon abschmecken und passieren.

Fischbouillon

Für 1 Liter

2 Schalotten
1 kleines Stück Knollensellerie
100 g Champignons
2 Zitronenscheiben
wenig Lauchgrün
2 Lorbeerblätter
Butter zum Dünsten
1½ kg Fischgräten und -abschnitte,
gut gespült, zerkleinert
150 ml trockener Weißwein
2 l kaltes Wasser
½ TL Salz
1 Gewürzbeutelchen mit weißen Pfefferkörnern, Gewürznelke, Dill, Fenchelkraut oder
Petersilienzweigen

■ Die Schalotten mit dem Lorbeer grob
würfeln, in Butter andünsten.
■ Die Fischgräten und -abschnitte beifügen, dünsten. Mit dem Wein ablöschen,
einkochen lassen.
■ Mit dem Wasser aufgießen, bis alles
gut bedeckt ist, aufkochen. Salzen und das
Gewürzbeutelchen dazugeben. Knapp unter
dem Siedepunkt 30 Minuten ziehen lassen,
öfter abschäumen. Die Bouillon durch ein
mit einem feinen Mulltuch ausgelegtes Sieb
passieren und auf 1 l einkochen.

Crevettenbouillon

Für 2 Liter

1 Zwiebel
1 Karotte
1 Stängel Stangensellerie
Schalen und Köpfe von 1 ½ kg rohen Riesen-
oder anderen Crevetten
Bratbutter zum Braten
1 EL Fenchelsamen
1 TL weiße Pfefferkörner
2½ l kaltes Wasser
400 ml trockener Weißwein
½ TL Safranfäden
einige Zweige Petersilie und Basilikum,
mit Küchenfaden gebunden
2 EL Brandy
Salz

■ Das Gemüse grob würfeln. Die Crevettenschalen und -köpfe in Bratbutter braten,
bis sie rosa werden.
■ Das Gemüse, die Fenchelsamen und
Pfefferkörner beifügen, unter Wenden dünsten, bis das Gemüse leicht Farbe annimmt.
Mit Wasser und Wein aufgießen. Den Safran
und das Kräutersträußchen dazugeben.
Aufkochen und knapp unter dem Siedepunkt
90 Minuten ziehen lassen, öfter abschäumen. Die Bouillon passieren, mit Brandy und
Salz abschmecken.

Gemüsebouillon

Für 2 Liter

2 kleine rote Zwiebeln
4 Karotten, geschält
1 kleiner Knollensellerie mit Kraut
4 Stangen Lauch, nur weißer Teil
2 Fenchelknollen
Olivenöl zum Dünsten
4 Knoblauchzehen, geschält
1–2 getrocknete rote Chili
2–3 Petersilien- und Thymianzweige
3 l kaltes Wasser
4 Lorbeerblätter
2 EL Pfefferkörner
1 Zitrone, Saft
1 EL Salz

■ Das Gemüse je nach Größe halbieren oder vierteln.
■ Die Zwiebeln im Öl glasig dünsten. Die Karotten mit dem Fenchel beifügen, unter Wenden dünsten, bis das Gemüse leicht Farbe annimmt. Knoblauch, Chili und Kräuterzweige dazugeben. Mit dem Wasser aufgießen. Den Lorbeer und die Pfefferkörner dazustreuen. Aufkochen und knapp unter dem Siedepunkt 1 Stunde ziehen lassen, öfter abschäumen. Die Bouillon passieren, mit Zitronensaft und Salz abschmecken.

Die Zubereitung Schritt für Schritt

■ Menge: Pro Person 2 Handvoll Reis und zusätzlich 1 Handvoll für den Kochtopf – so rechnet man in Venetien. Oder pro Person als Hauptgericht 75–100 g, als Vorspeise 40–50 g Reis nehmen. Kommen Gemüse, Fisch, Fleisch oder andere Zutaten dazu (bei Paella, Risi e Bisi usw.), liegt die Reismenge etwa in der Mitte.

■ Verboten: Risottoreis unter fließendem Wasser zu waschen – die Stärke, die die Flüssigkeit cremig bindet, geht verloren.

■ Hilft: Zum Risottokochen eine Sauteuse (Pfanne) verwenden, die die Hitze gut leitet, aber keine allzu große Bodenfläche hat, das heißt, nicht zu weit ist – sonst geht es zu schnell: Das Kochen muss etwa 17 Minuten dauern, damit die Stärke die Flüssigkeit bindet. Ist der Risotto nach 20 Minuten noch zu fest, kocht man ihn einige Minuten länger.

■ Bouillon: Immer genügend Bouillon warm halten. Oder für die Beigabe am Schluss etwas heißes Wasser bereitstellen.

■ Verhältnis Reis/Flüssigkeit: Das Verhältnis von Reis zu Flüssigkeit kann man sich gut merken: 1:2–3, je nach Reissorte und Rezeptur. Die Säure von Wein oder Tomaten kann das Verhältnis etwas durcheinanderbringen. Dann mit mehr Flüssigkeit und längerer Garzeit rechnen.

■ Beschleunigt: Die Bouillon immer heiß zum Reis gießen, dann gart der Reis bei gleichbleibender Hitze gleichmäßig bissfest. Darum die Bouillon in einem zweiten Topf neben dem Risotto köcheln lassen.

■ Geduld: Die Bouillon in etwa 4 Portionen dazugießen. Immer erst dann, wenn fast alle Flüssigkeit aufgesogen ist, und nur so viel, dass der Reis knapp bedeckt ist, aber nicht schwimmt. Deshalb bleibt man am besten in der Nähe und wartet den richtigen Moment ab.

■ Würze: Je besser die Bouillon ist – selbst gemachte ist am besten –, desto schmackhafter wird der Risotto. Sie muss so würzig sein, dass der Risotto gar nicht oder kaum mehr gesalzen werden muss.

■ Nebeneffekt: Die Flüssigkeit verhilft dem Reiskorn zu Volumen, aber sie kocht auch ein. Das heißt, die Bouillon wird während den 17–20 Minuten konzentrierter. Sie darf deshalb auf keinen Fall zu salzig sein (vor allem bei Bouillonextrakt sparsam dosieren).

■ Übrigens: Der geriebene Parmesan würzt und salzt gleichzeitig. Deshalb wird (bei den meisten einfachen Risottorezepten) am Schluss ein Teil des Käses schon daruntergemischt.

■ Hitze: Risotto bei mittlerer Hitze garen. Zu hohe Hitze lässt ihn anbrennen und bei zu schwacher Hitze verdampft die Bouillon nicht.

■ Rühren: Nicht ständig, aber oft, vor allem am Anfang, bis das Reiskorn zu quellen beginnt. Stimmt die Hitze, gart Risotto fast von selbst. Zum Rühren am besten einen Holzlöffel verwenden, um die cremig gebundene Bodenschicht mit der flüssigeren zu mischen und ein Anbrennen zu verhindern. Kräftig gerührter Risotto wird luftiger und cremiger.

■ Biss: Nach 17 Minuten Garzeit, wenn die Flüssigkeit cremig wird und das Reiskorn noch Biss hat, Bouillon nur noch in kleinsten Mengen dazugießen, um den richtigen Zeitpunkt nicht zu verpassen. Den Risotto lieber etwas zu körnig und zu flüssig zubereiten. Der geriebene Käse, vor allem der trockene Parmesan, der am Schluss daruntergemischt wird, bindet einen Teil der Flüssigkeit. Und bis die Teller angerichtet sind, quillt der Reis weiter.

■ Servieren: Auf Risotto muss man warten. Wenn alles abgemessen, geschnitten, gewürfelt, püriert usw. bereitsteht, dauert es ab Kochbeginn etwa 20 Minuten. Aufgewärmt ist er kein Genuss, höchstens als Riso al Salto, Rezept Seite 54.

Flache Teller (so ist es original) sehr heiß vorwärmen, sodass man sie mit Handschuhen anfassen muss. Risotto mit der Kelle dampfend heiß und cremig-flüssig darauf verteilen. Nach Belieben mit wenig geriebenem Käse, grobem Pfeffer oder einer Garnitur bestreuen und sofort servieren. Geriebenen Käse separat auf den Tisch stellen.

Auf flachen Tellern kühlt der Risotto schneller ab als in tiefen. Deshalb wird er meistens in Suppentellern mit breitem Rand angerichtet. Dann isst man sich vom Rand, der zuerst abkühlt, zur Mitte – die bis zuletzt schön heiß bleibt.

■ Essen: Und damit er etwas abkühlen kann, bevor man sich den Mund verbrennt, isst man Risotto mit der Gabel. Da kann die Luft rundum zirkulieren. Risottopuristen benützen allerdings den Löffel.

Risotto bianco

Für 4–6 Personen

25 g Butter
1 EL Olivenöl
1 kleine weiße Zwiebel
350 g Risottoreis, z. B. Carnaroli, Arborio,
Baldo, Vialone
125 ml trockener Weißwein
1–1,2 l Bouillon, z. B. Geflügel-, Fleisch-
oder Gemüsebouillon
40–50 g Butter
25–50 g Parmesan
frisch gemahlener Pfeffer
geriebener Parmesan zum Servieren

Vorbereitung
◼ Die Bouillon separat heiß werden lassen. Bei kleinster Temperatur warm halten.
◼ Die Zwiebel fein hacken. Den Parmesan fein reiben.
◼ Die restlichen Zutaten abmessen und bereitstellen.
◼ Teller heiß vorwärmen.

Zubereitung
◼ Butter und Olivenöl warm werden lassen.
◼ Die Zwiebel beifügen, bei mittlerer Hitze glasig dünsten.
◼ Den Reis dazustreuen, unter Rühren dünsten, bis die Reiskörner rundum glänzen und leise knistern.
◼ Mit dem Wein ablöschen, vollständig einkochen lassen.

◼ 1 Suppenkelle Bouillon (ca. 200 ml) dazugießen. Ständig oder häufig rühren, bis sie fast eingekocht ist.
◼ Die restliche Bouillon nach und nach dazugießen, bis der Risotto nach 17–20 Minuten bissfest gegart und cremig-flüssig ist.
◼ Den Risotto von der Herdplatte nehmen. Die Butter und den Parmesan kräftig darunterrühren. Nach Bedarf wenig Bouillon dazugießen und abschmecken.
◼ Den Risotto auf den heißen Tellern anrichten. Pfeffer darübermahlen. Mit Parmesan servieren.

Varianten
◼ Statt Zwiebel Schalotten verwenden.
◼ 2 fein gehackte Knoblauchzehen mit den Zwiebeln andünsten.
◼ Nach Belieben die Butter zum Dünsten weglassen. Dafür 100 g Pancetta (italienischer Bauchspeck) fein schneiden und mit der Zwiebel im Öl dünsten.
◼ Den Pfeffer weglassen und am Schluss gehackte glattblättrige Petersilie mit Butter und Parmesan beifügen.
◼ Statt Parmesan Pecorino, Provolone oder Manchego (spanischer Schafskäse) dazuservieren.

Risotto alla Zucca
Mit Kürbis

> 250–450 g Kürbis, z. B. Butternut, Hubbard,
> Marina di Chioggia, gewürfelt
> Butter zum Braten
> Salz, Pfeffer
> 1 Rezeptmenge Risotto bianco, Seite 19:
> Zwiebel durch fein geschnittenen Lauch,
> Parmesan durch Fontina (italienischer
> Weichkäse) ersetzen
> 2 EL gehackte glattblättrige Petersilie

■ Den Kürbis in Butter knapp weich braten, würzen.
■ Risotto bianco nach Rezept zubereiten: Nach dem zweiten Viertel Bouillon den Kürbis beifügen.
■ Am Schluss die Petersilie mit Butter und Käse unter den Risotto mischen.

Varianten
■ 1 Rosmarinzweig mit dem Kürbis mitbraten, Petersilie am Schluss weglassen.
■ Den Kürbis mit der Schale in Schnitze schneiden, entkernen. Mit Olivenöl bepinseln, leicht salzen. Die Kürbisschnitze nebeneinander in eine ofenfeste Form setzen. 100–200 ml Wasser dazugießen. Den Kürbis in der Mitte des auf 200 Grad vorgeheizten Backofens weich garen. Das Kürbisfleisch aus der Schale lösen, in Würfel schneiden oder nach Belieben als Püree unter den Reis mischen.
■ 75 g fein geschnittenen Pancetta (italienischer Bauchspeck) mit der Zwiebel nur in Olivenöl andünsten.

■ Statt Petersilie 2–3 cm geschälte Ingwerwurzel fein reiben, mit der Zwiebel und 1 gehackten Knoblauchzehe 3 Minuten dünsten. Weiter nach Rezept. Am Schluss 3 EL Schnittlauchröllchen mit Butter und Käse unter den Risotto mischen.

Risotto alla Milanese

> ½ TL Safranfäden oder ⅛ TL Safranpulver
> 125 ml Geflügelbouillon, heiß
> 1 Rezeptmenge Risotto bianco, Seite 19,
> mit Zwiebel und 1 gehackten Schalotte nur
> in Butter andünsten

■ Den Safran in der Bouillon quellen lassen.
■ Risotto bianco nach Rezept zubereiten: Nach 15 Minuten Kochzeit den Safran samt Flüssigkeit dazugeben.

Tipp
Im Originalrezept verwendet man statt Olivenöl 2–3 Stück (ca. 50 g) ausgelöstes Rindermark: mit der Butter flüssig werden lassen. Kann auch ersetzt werden durch 50 g fein gehackten Pancetta (italienischer Bauchspeck) oder Rohschinken.

Notiz
Risotto Milanese wird traditionell zu Ossobuco serviert.
Der berühmteste Koch Italiens, Gualtiero Marchesi, serviert den Risotto mit Blattgold belegt – zu kaufen in indischen Lebensmittelgeschäften.

Risotto al Radicchio rosso

2–3 Radicchio di Treviso (300 g)
2 EL gehackte glattblättrige Petersilie
1 Rezeptmenge Risotto bianco, Seite 19:
Butter am Schluss durch
50–75 g Mascarpone oder Rahm ersetzen

■ Die Blätter des Radicchio fein schneiden.
■ Risotto bianco: Die Zwiebel glasig dünsten. Den Radicchio beifügen, unter Rühren zusammenfallen lassen. Weiter nach Rezept. Am Schluss den Mascarpone oder Rahm mit dem Käse unter den Risotto mischen.

Tipp
Um den Bittergeschmack des Radicchio (was aber typisch ist) abzuschwächen, Weißwein durch Milch ersetzen.

Varianten
■ Weißwein durch Rotwein ersetzen.
■ Einige Radicchioblätter in Streifen schneiden (kleine Blätter ganz lassen) und über den fertigen Risotto streuen.

Notiz
Radicchio di Treviso (Trevisana) hat längliche Blätter und wird meistens als Gemüse, gedünstet oder grilliert, zubereitet. Der kugelige Radicchio di Chioggia eignet sich für Salat.

Risotto con Zucchini

20 Zucchiniblüten mit kleinen Zucchini daran
1 Rezeptmenge Risotto bianco, Seite 19
2 EL gehackte glattblättrige Petersilie

Garnitur:
1 Ei, verquirlt
Brotbrösel
Olivenöl zum Braten

■ Die Zucchiniblüten ablösen. Die Zucchini und 12 Blüten fein schneiden. Die restlichen Blüten für die Garnitur beiseitestellen.
■ Risotto bianco nach Rezept zubereiten: Nach dem ersten Viertel Bouillon die Hälfte der Blüten unter den Reis mischen. Nach dem zweiten Viertel Bouillon die restlichen Blüten, die Zucchini und die Petersilie beifügen.
■ Garnitur: Die Zucchiniblüten zuerst im Ei, dann in den Brotbröseln wenden. Im Öl rasch knusprig braten. Auf dem Risotto anrichten.

Tipp
Die Stempel der Zucchiniblüten vor dem Panieren entfernen.

Variante
Die Zucchiniblüten weglassen, dafür am Schluss reichlich gezupften Basilikum unter den Risotto mischen.

Risotto Primavera
Einfache Art

> 1 Rezeptmenge Risotto bianco, Seite 19
> 1–2 Knoblauchzehen, fein gehackt
> 100 g Karotten, geschält, längs halbiert,
> in Scheiben geschnitten
> 100 g frische Erbsen, ausgelöst
> 1–2 kleine Frühkartoffeln, in Scheiben
> geschnitten
> 100 g kleine weiße Champignons, fein
> geschnitten
> 100 g grüne Bohnen, blanchiert, in Stücke
> geschnitten
> 100 g grüne Spargel, in Stücke geschnitten
> 2 EL gehackte glattblättrige Petersilie

■ Risotto bianco: Die Zwiebel mit dem Knoblauch dünsten. Die Karotten, Erbsen, Kartoffeln und Champignons beifügen, dünsten. Den Reis dazustreuen. Weiter nach Rezept.

■ Nach 17 Minuten Kochzeit die Bohnen und Spargel dazugeben, 2 Minuten köcheln lassen. Am Schluss Butter und Käse daruntermischen. Den Risotto von der Herdplatte nehmen, 2 Minuten zugedeckt stehen lassen. Mit Petersilie bestreut servieren.

Variante

Die grünen Bohnen und Champignons durch dicke Bohnen (Fave) ersetzen: aus der Hülse lösen, dann das feine Häutchen abziehen. Zuvor eventuell kurz blanchieren, dann bläst sich das Häutchen auf und lässt sich leichter entfernen.

Risotto Primavera
Feinere Art

> 3–4 kleine Artischocken (Carciofini)
> wenig Zitronensaft
> 2 kleine Frühlingszwiebeln, fein gehackt
> 1 große Knoblauchzehe, fein gehackt
> wenig Butter zum Dünsten
> 1–2 Karotten, geschält, fein gewürfelt
> 50 ml Wasser
> 2 Tomaten, z. B. San Marzano, gehäutet,
> entkernt, gehackt
> 1 mittelgroßer Zucchino, fein gewürfelt
> 250 g feine Spinatblätter, verlesen
> Salz, frisch gemahlener schwarzer Pfeffer
> 1 Rezeptmenge Risotto bianco, Seite 19
> 2 EL gehackte glattblättrige Petersilie

■ Den Stiel der Artischocken herausbrechen, die zähen äußeren Blätter entfernen und die Blattspitzen um etwa ein Viertel zurückschneiden. Die Artischocken quer in feinste Scheiben schneiden. Mit Zitronensaft mischen, zugedeckt beiseitestellen.

■ Die Zwiebeln mit dem Knoblauch in Butter 1 Minute dünsten. Die Artischocken und Karotten beifügen, dünsten. Das Wasser dazugießen, einkochen lassen. Tomaten, Zucchino und Spinat dazugeben, bei kleiner Hitze 5 Minuten köcheln lassen, bis der Zucchino knapp weich ist. Mit Salz und Pfeffer würzen, zugedeckt beiseitestellen.

■ Risotto bianco nach Rezept zubereiten: 2 Minuten vor Ende der Kochzeit das Gemüse und wenig Bouillon beifügen. Am Schluss die Petersilie mit Butter und Käse unter den Risotto mischen.

Notiz

Den Weißwein weglassen, damit er nicht mit dem säuerlichen Tomatenaroma konkurriert; dies hängt von der Sorte und Reife der Tomaten ab – ausprobieren.

Risotto al Pomodoro arrosto
Mit gerösteten Tomaten

3 reife, feste Tomaten, waagrecht halbiert
Olivenöl
Salz, Pfeffer
1 kleine weiße Zwiebel, geschält, gehackt
1 kleine Karotte, geschält, gehackt
1 Stängel Stangensellerie, gehackt
1 kleine Knoblauchzehe, durchgepresst
1 Rezeptmenge Risotto bianco, Seite 19:
Zwiebel weglassen, 350 ml Weißwein
verwenden, entsprechend weniger Bouillon
200 g feine Spinatblätter, verlesen

Garnitur:
1 Handvoll Spinatblätter, in Öl knusprig
 frittiert

■ Die Tomaten mit der Schnittfläche nach oben auf ein Blech setzen. Mit Öl bestreichen, würzen. In der Mitte des auf 200 Grad vorgeheizten Backofens 30 Minuten rösten. Herausnehmen, beiseitestellen.
■ Zwiebel, Karotte, Sellerie und Knoblauch im Cutter pürieren.
■ Risotto bianco: Das Gemüsepüree in der Butter-Öl-Mischung 10 Minuten dünsten. Den Reis und 1 Prise Salz dazustreuen, dünsten. Weiter nach Rezept. Nach 10 Minuten Kochzeit die Tomaten beifügen. Nach

17–20 Minuten den Spinat unter den Risotto mischen.
■ Den fertigen Risotto mit frittierten Spinatblättern garnieren.

Variante

Statt Spinat: 1 große ganze Knoblauchknolle rundum mit Olivenöl bestreichen. In Alufolie wickeln. In der Mitte des auf 200 Grad vorgeheizten Backofens 30–40 Minuten rösten. Herausnehmen, auskühlen lassen. Dann die Knoblauchzehen ablösen und schälen. Nach 15 Minuten Kochzeit unter den Risotto mischen. Garnitur: Den Risotto mit reichlich gezupftem Basilikum bestreuen.

Risotto al Pomodoro fresco
Mit frischen Tomaten

450–600 g reife, feste Tomaten
1 Rezeptmenge Risotto bianco, Seite 19: Weiß-
wein weglassen
1 gute Prise Salz
wenig frisch gemahlener Pfeffer
12 große Basilikumblätter

■ Die Tomaten kurz in siedendes Wasser tauchen, kalt abschrecken und häuten. In Achtel oder schmale Schnitze schneiden und sorgfältig entkernen. Beiseitestellen.
■ Risotto bianco: Die Zwiebel 5 Minuten dünsten. Die Tomaten mit Salz und Pfeffer beifügen, unter Rühren 10 Minuten dünsten. Den Reis dazustreuen. Weiter nach Rezept.
■ Am Schluss den Basilikum mit Butter und Käse unter den Risotto mischen, kurz ziehen lassen.

Variante

Tomaten aus der Dose verwenden: Die Flüssigkeit zur Bouillon geben.

Risotto con gli Asparagi
Mit Spargel

> **1 kg grüner oder weißer Spargel**
> **1 Rezeptmenge Risotto bianco, Seite 19:**
> **Zwiebel durch 2 Schalotten**
> **und 2 Knoblauchzehen ersetzen**

■ Den Spargel frisch anschneiden. 2–3 cm lange Spargelspitzen abschneiden und zugedeckt im Dampf knapp weich garen, beiseitestellen. Die Spargelstangen halbieren und in siedendem Salzwasser oder in der Risottobouillon weich garen. Herausnehmen und mit 60 ml Kochwasser pürieren, nach Belieben durch ein Sieb passieren.
■ Risotto bianco nach Rezept zubereiten: Nach 15 Minuten Kochzeit das Spargelpüree beifügen, 3–4 Minuten unter Rühren köcheln lassen. Dann die Spargelspitzen dazugeben. Am Schluss Butter und Käse daruntermischen. Den Risotto von der Herdplatte nehmen, zugedeckt 2 Minuten stehen lassen.

Tipps

■ Die Spargelstangen bissfest garen, in 1 cm breite Stücke schneiden und mit den Spargelspitzen unter den Risotto mischen.
■ Bei sehr frischem oder grünem Spargel den mittleren Teil der Spargelstangen in Stücke schneiden und mit den Schalotten mitdünsten. Die Spargelabschnitte in der Bouillon auskochen.

■ Die Spargelabschnitte und -schalen in der Bouillon auskochen. Die Bouillon durch ein Sieb zum Risotto gießen.
■ Mit italienischem Wildspargel schmeckt der Risotto besonders gut, weil er aromatischer ist als der Kulturspargel.

Risotto ai Piselli
Mit Erbsen

> **150 g frische Erbsen, blanchiert**
> **100 g feine Spinatblätter, blanchiert**
> **einige Minzenblättchen, fein geschnitten**
> **1 Rezeptmenge Risotto bianco, Seite 19:**
> **Zwiebel durch 2 Schalotten ersetzen**

■ Die Hälfte der Erbsen mit dem Spinat pürieren.
■ Risotto bianco nach Rezept zubereiten: Am Schluss das Gemüsepüree und die restlichen Erbsen mit Butter und Käse unter den Risotto mischen.

Variante

4–8 fein geschnittene Scheiben Pancetta (italienischer Bauchspeck) oder Speck mit den Schalotten dünsten. Oder separat sehr knusprig braten, auf Haushaltpapier entfetten und über den angerichteten Risotto krümeln.

Risi e Bisi
Mit Erbsen

Ca. 800 g frische Erbsen mit Schale
ca. 1 l Wasser, leicht gesalzen
50 g Pancetta (italienischer Bauchspeck),
fein geschnitten
1 kleine weiße Zwiebel, fein gehackt
25 g Butter
1 EL Olivenöl
350 g Risottoreis, z. B. Carnaroli, Vialone,
Arborio
40–50 g Butter
40 g Parmesan, frisch gerieben
½ Bund glattblättrige Petersilie, fein gehackt
frisch gemahlener schwarzer Pfeffer
geriebener Parmesan

■ Die Erbsen auslösen. Die Schalen mit Wasser aufkochen und bei kleiner Hitze 1 Stunde köcheln lassen. Absieben, die Schalen gut auspressen, die Bouillon auffangen und warm halten.
■ Den Pancetta und die Zwiebel in der Butter 10 Minuten dünsten. Die Erbsen und 100 ml Bouillon beifügen. Zugedeckt 5–10 Minuten köcheln lassen, dann offen bei größerer Hitze die Flüssigkeit vollständig einkochen. Das Öl dazugießen, warm werden lassen.
■ Den Reis dazustreuen, unter Rühren dünsten. 200 ml Bouillon dazugiessen, unter Rühren kochen, bis sie fast eingekocht ist.
■ Die restliche Bouillon nach und nach dazugießen, bis der Risotto nach 17–20 Minuten bissfest gegart und cremig-flüssig ist.
■ Den Risotto von der Herdplatte nehmen.

Die Butter, den Parmesan und die Petersilie kräftig darunterrühren, pfeffern. Nach Bedarf wenig Bouillon dazugießen. Den Risotto zugedeckt einige Minuten stehen lassen. Mit Parmesan servieren.

Tipps
■ Am besten schmeckt Risi e Bisi mit jungen frischen Erbsen (Frühling). Aber man kann das Gericht auch mit tiefgekühlten Erbsen zubereiten: Die Erbsen gleich mit dem Pancetta und der Zwiebel in Butter dünsten. Den Reis mit Gemüsebouillon zubereiten.
■ Risi e Bisi als Suppe serviert: Rezept Seite 53.

Risotto rosso

1 Rezeptmenge Risotto bianco, Seite 19:
Butter und Olivenöl weglassen, Zwiebel mit
100 g kleinsten Speckwürfelchen andünsten,
Weißwein durch roten Barbera ersetzen
200 g Borlottibohnen, gekocht

Garnitur:
12 Salbeiblätter
Olivenöl zum Frittieren

■ Risotto bianco nach Rezept zubereiten: Nach dem ersten Viertel Bouillon die Bohnen beifügen.
■ Garnitur: Die Salbeiblätter im Öl knusprig frittieren. Mit einer Schaumkelle herausnehmen, auf Haushaltpapier abtropfen lassen und über den angerichteten Risotto streuen.

Risotto ai Carciofi
Mit Artischocken

Ca. 700 g kleine Artischocken (Carciofini)
1–2 Knoblauchzehen, fein gehackt
Olivenöl zum Dünsten
Salz, frisch gemahlener schwarzer Pfeffer
½ Zitrone, Saft
125 ml Wasser
1 Rezeptmenge Risotto bianco, Seite 19
25–30 g glattblättrige Petersilie, fein gehackt
75 g Fontina (italienischer Weichkäse)
oder Taleggio, fein gewürfelt

■ Den Stiel der Artischocken herausbrechen, die zähen äußeren Blätter entfernen und die Blattspitzen um etwa ein Viertel zurückschneiden. Die Artischocken längs in feinste Scheiben schneiden.

■ Die Artischocken mit dem Knoblauch im Öl 2 Minuten dünsten, würzen. Mit Zitronensaft und Wasser ablöschen. Zugedeckt bei kleiner Hitze 15 Minuten köcheln lassen, bis fast alle Flüssigkeit eingekocht ist. Beiseitestellen.

■ Risotto bianco nach Rezept zubereiten: Am Schluss die Artischocken, die Petersilie, den Fontina oder Taleggio mit Butter und Käse unter den Risotto mischen. Nach Bedarf etwas Bouillon dazugießen, kurz ziehen lassen.

Risotto coi Fagiolini
Mit grünen Bohnen

250 g grüne Bohnen, gerüstet
1 gelber Peperone (Paprika), in Stücke geschnitten
1 Rezeptmenge Risotto bianco, Seite 19:
Weißwein weglassen

■ Die Bohnen in siedendem Salzwasser bissfest garen. Abgießen, kalt abschrecken und gut abtropfen lassen. In 1 cm breite Stücke schneiden.

■ Risotto bianco: Zwiebel andünsten. Den Peperone beifügen, 1 Minute dünsten. Die Bohnen dazugeben, unter Rühren 3–4 Minuten dünsten. Weiter nach Rezept.

Risotto verde

300 g feine Spinatblätter, blanchiert, gut abgetropft
30 g glattblättrige Petersilienblätter
2 Tassen (à 200 ml Inhalt) gemische Kräuter, z. B. Majoran oder Oregano, Basilikum oder Minze, Schnittlauch
50 g Butter, weich
1 Rezeptmenge Risotto bianco, Seite 19:
Olivenöl weglassen, Butter am Schluss durch Mascarpone ersetzen

■ Den Spinat mit den Kräutern und der Butter im Cutter mischen.

■ Risotto bianco nach Rezept zubereiten: Am Schluss die Spinat-Kräuter-Butter und den Mascarpone mit dem Käse unter den Risotto mischen.

Risotto ai Funghi

Mit Pilzen – nicht ganz klassisch

> **1 Rezeptmenge Risotto bianco, Seite 19:**
> **Zwiebel durch 2 Schalotten ersetzen**
> **25–40 g getrocknete Steinpilze, eingeweicht,**
> **gut abgetropft, fein geschnitten**
> **1 unbehandelte Orange, Schale**
> **2–3 EL gehackte glattblättrige Petersilie**
> **50 ml frisch gepresster Orangensaft**

■ Risotto bianco: Die Schalotten kurz andünsten. Die Steinpilze beifügen. Weiter nach Rezept.

■ Am Schluss die Orangenschale, die Petersilie und den Orangensaft mit Butter und Käse unter den Risotto mischen.

Tipp

Das Einweichwasser der Steinpilze durch ein Sieb in die Bouillon gießen.

Risotto ai Funghi freschi

Mit frischen Pilzen

> **300–400 g frische Pilze, z. B. Champignons,**
> **Eierschwämme, geputzt, je nach Größe**
> **klein geschnitten**
> **Olivenöl zum Braten**
> **25–40 g getrocknete Steinpilze**
> **1 Rezeptmenge Risotto bianco, Seite 19:**
> **Zwiebel durch 2 Schalotten ersetzen**

■ Die frischen Pilze im Öl unter Wenden braten, bis alle Flüssigkeit verdampft ist. Herausnehmen, zugedeckt beiseitestellen.

■ Die Steinpilze in der heißen Bouillon für den Risotto 5 Minuten ziehen lassen. Herausnehmen, gut abtropfen lassen und fein schneiden. Unter die gebratenen Pilze mischen, beiseitestellen.

■ Risotto bianco nach Rezept zubereiten: Am Schluss die Pilze mit Butter und Käse unter den Risotto mischen.

Varianten

■ Weißwein durch Rotwein ersetzen. Für einen Weinrisotto halb Wein halb Bouillon verwenden. Die Bouillon erst beifügen, wenn der Wein aufgebraucht ist.

■ Am Schluss die Butter durch 1–2 EL Doppelrahm ersetzen. Und nach Belieben 1 EL gehackte glattblättrige Petersilie oder Estragon unter den Risotto mischen.

■ Garnitur: 2 EL gehackte glattblättrige Petersilie mit 1 kleinen gehackten Knoblauchzehe und 1 TL abgeriebener Zitronenschale mischen. Mit dem Parmesan zum Risotto servieren.

■ Statt gemischte Pilze nur kleine weiße Champignons verwenden: in Scheiben schneiden, in 1 EL Olivenöl wenden und in einer Lage auf ein mit Backpapier belegtes Blech legen, leicht salzen. Bei 110 Grad und leicht geöffneter Ofentür 75–90 Minuten trocknen lassen. Am Schluss mit Butter und Käse unter den Risotto mischen.

■ Oder die gemischten Pilze durch frische Steinpilze ersetzen: putzen, rüsten und in feine Scheiben schneiden. In Olivenöl braten, bis sie knapp weich sind. Mit Salz, Pfeffer und Petersilie würzen. Am Schluss mit Butter und Käse unter den Risotto mischen.

Risotto ai Porri
Mit Lauch

> 1 große Stange Lauch, nur heller Teil, fein
> geschnitten
> 100 g rote und weiße Zwiebeln, gemischt,
> fein geschnitten
> 2–3 feine Frühlingszwiebeln, samt Grün
> fein geschnitten
> Butter zum Dünsten
> Salz, frisch gemahlener schwarzer Pfeffer
> 1 Rezeptmenge Risotto bianco, Seite 19
> 2 EL gehackte glattblättrige Petersilie

■ Den Lauch mit den Zwiebeln in Butter bei
kleiner Hitze 7–10 Minuten dünsten, würzen.
Zugedeckt beiseitestellen.

■ Risotto bianco nach Rezept zubereiten:
Am Schluss das Lauch-Zwiebel-Gemüse
und die Petersilie mit Butter und Käse unter
den Risotto mischen, 1 Minute ziehen
lassen.

Risotto al Sedano
Mit Stangensellerie

> 1 kleiner Stangensellerie
> 1 Prise Salz
> 1 Rezeptmenge Risotto bianco, Seite 19
> 1 EL gehackte glattblättrige Petersilie

■ Die äußeren grünen Stängel des Stangen-
selleries ohne Blätter, das Herz mit den
Blättern in sehr feine Streifen schneiden.
Beiseitestellen.

■ Risotto bianco: Zwiebel andünsten.
Die grünen Selleriestreifen beifügen und
2–3 Minuten dünsten, salzen. Den Reis
dazustreuen. Weiter nach Rezept. Nach
10 Minuten Kochzeit den restlichen Sellerie
dazugeben. Am Schluss die Petersilie mit
Butter und Käse unter den Risotto mischen.

Risotto alle Olive nere
Mit schwarzen Oliven

> 1 kleine Dose (400 g) geschälte Tomaten
> 1–2 EL schwarze Olivenpaste oder Tapenade
> 100 g kleine schwarze Oliven
> 1 Rezeptmenge Risotto bianco, Seite 19:
> Zwiebel mit 1 gehackten Knoblauchzehe an-
> dünsten
> einige Basilikumblätter

■ Die Tomaten in ein Sieb geben. Den Saft
auffangen und zur Risotto-Bouillon geben.
Die Tomaten nach Belieben grob zerkleinern.

■ Risotto bianco nach Rezept zubereiten:
5 Minuten vor Ende der Kochzeit Tomaten,
Olivenpaste oder Tapenade und Oliven beifügen. Nach Bedarf etwas Bouillon dazugießen. Am Schluss die Basilikumblätter mit
Butter und Käse unter den Risotto mischen,
zugedeckt 4 Minuten ziehen lassen.

Tipp
In der Tomatensaison frische, z. B. gelbe
Tomaten verwenden.

Risotto all'Oro
Mit Lorbeer

> 1 Rezeptmenge Risotto bianco, Seite 19:
> Zwiebel durch 1–2 Schalotten ersetzen
> 6 frische Lorbeerblätter

■ Risotto bianco: Die Schalotten kurz andünsten. Den Lorbeer beifügen. Weiter nach Rezept.

Tipp

Risottoreis verwenden, der mit Lorbeerblättern gelagert wurde: Dies verstärkt das feine Aroma.

Risotto al Pesto Genovese

> 1 Rezeptmenge Risotto bianco, Seite 19:
> Butter und Käse am Schluss weglassen
> 4–6 EL Pesto, gekauft oder selbst gemacht,
> siehe Tipp

■ Risotto bianco nach Rezept zubereiten: Am Schluss den Pesto unter den Risotto mischen.

Tipps

■ Pesto Genovese: 2 kleine Knoblauchzehen fein schneiden und in wenig Öl hell braten. Mit 100 g Basilikumblättern, 25 g gerösteten Pinienkernen oder geschälten gemahlenen Mandeln und 60 ml Olivenöl im Cutter pürieren. Mit frisch gemahlenem, schwarzem Pfeffer abschmecken. Mit 50 g frisch geriebenem Parmesan mischen.
■ Dieser Risotto passt gut zu grilliertem Fisch, z. B. Rotbarbe oder Dorade.

Risotto Parmigiano
Mit Parmesan

> 1 Rezeptmenge Risotto bianco, Seite 19:
> Olivenöl und Weißwein weglassen,
> 100 g frisch geriebenen Parmesan verwenden

■ Risotto bianco nach Rezept zubereiten: Am Schluss den Parmesan mit Butter unter den Risotto mischen.

Notiz

Der einfachste aller Risotti. Dafür sind nur die besten Zutaten gut genug – von der Butter bis zum Parmigiano (Reggiano).

Risotto con Gorgonzola e Noci
Mit Gorgonzola und Nüssen

> 1 Rezeptmenge Risotto bianco, Seite 19:
> Olivenöl und Butter am Schluss weglassen
> 100 g milder Gorgonzola, zerkleinert
> 3 EL gehackte Walnüsse
> 2 EL gehackte glattblättrige Petersilie
> einige Walnusskerne zum Garnieren

■ Risotto bianco nach Rezept zubereiten: Am Schluss den Gorgonzola, die Walnüsse und die Petersilie mit dem Käse unter den Risotto mischen. Mit Walnusshälften garnieren.

Risotto alla Fonduta

150–200 g Fontina (italienischer Weichkäse),
gewürfelt
150–200 ml Vollmilch
1 Rezeptmenge Risotto bianco, Seite 19:
Butter und Käse am Schluss weglassen
20 g Butter
1–2 Eigelb
½ TL Mais- oder Kartoffelstärke, in 2 EL Milch
aufgelöst
Salz, nach Bedarf
frisch gemahlener weißer Pfeffer
weiße Trüffel, nach Belieben

■ Den Fontina mit Milch übergießen. Zugedeckt bei Raumtemperatur mehrere
Stunden oder über Nacht stehen lassen.
■ Risotto bianco nach Rezept zubereiten.
■ Die Käse-Milch-Mischung mit der Butter
bei kleiner Hitze zu einer cremigen Sauce
rühren. Das Eigelb mit der Stärke und 3 EL
Sauce verrühren. Nach und nach zur restlichen Sauce rühren, bis sie cremig gebunden
ist. Nach Bedarf salzen.
■ Den Risotto bianco auf heiß vorgewärmten Tellern anrichten. Die Fonduta dar-
übergießen. Nach Belieben Trüffel hauch-
dünn darüberhobeln.

Tipp
Wird die Fonduta im warmen Wasser-
bad zubereitet, ist die Gefahr des Gerinnens
kleiner.

Risotto nero
Mit Tintenfisch

300–500 g Tintenfisch (Sepia), küchenfertig
1 Stängel Stangensellerie, fein geschnitten
1 kleine Zwiebel, fein gehackt
Olivenöl zum Dünsten
1 kleine Dose (400 g) geschälte, gehackte
Tomaten
¼ l trockener Weißwein
½ Bund glattblättrige Petersilie, gehackt
Salz, Pfeffer
1 Beutelchen Tinte (in der Fischabteilung
erhältlich)
1 Rezeptmenge Risotto bianco, Seite 19:
Geflügelbouillon durch Wasser oder Fisch-
bouillon ersetzen, Käse nach Belieben
weglassen

■ Den Tintenfisch in breite Streifen schneiden.
■ Den Sellerie und die Zwiebel in Öl andünsten. Die Tomaten beifügen, 5 Minuten
köcheln lassen. Den Tintenfisch und den
Wein dazugeben. Zugedeckt bei kleiner Hitze
45–60 Minuten garen. Mit Petersilie, Salz
und Pfeffer würzen. Die Tinte dazugießen.
■ Risotto bianco nach Rezept zubereiten:
Nach dem ersten Viertel Bouillon das Tinten-
fischragout unter den Risotto mischen.

Risotto alle Vongole
Mit Venusmuscheln

> 1 kg kleine Vongole (Venusmuscheln), geputzt
> 1 Rezeptmenge Risotto bianco, Seite 19:
> Bouillon durch Wasser ersetzen, Butter und
> Käse weglassen
> 2 Knoblauchzehen, fein gehackt
> 2 EL gehackte glattblättrige Petersilie
> 1 kleiner Peperoncino, entkernt, fein gehackt
> 2 EL kaltgepresstes Olivenöl

■ Die Muscheln in einer großen Pfanne zugedeckt heiß werden lassen und unter Schütteln wenden. Sobald sie sich geöffnet haben, herausnehmen und das Muschelfleisch herauslösen (nicht geöffnete wegwerfen). Die Kochflüssigkeit durch ein Sieb zu den Muscheln gießen, zugedeckt 30 Minuten stehen lassen. Dann die Muscheln in ein feines Sieb geben, den Muschelsaft auffangen. Die Muscheln zugedeckt beiseitestellen.

■ Risotto bianco: Wasser bis knapp vor den Kochpunkt bringen. Die Zwiebel im Öl dünsten. Den Knoblauch beifügen, dünsten. 1 EL Petersilie und Reis dazugeben, weiter dünsten. Mit Wein ablöschen, einkochen lassen. Den Muschelsaft dazugießen, einkochen lassen. Den Peperoncino beifügen. Weiter nach Rezept.

■ Am Schluss die Muscheln, die restliche Petersilie und das Öl unter den Risotto mischen.

Risotto con Scampi e Radicchio

> 400 g rohe Scampischwänze
> 1 Rezeptmenge Risotto bianco, Seite 19: Weißwein aus dem Friaul (z. B. Tokayer) verwenden, Geflügel- durch Fischbouillon ersetzen
> 1 mittelgroßer Radicchio, fein geschnitten

■ Die Scampischwänze schälen und je nach Größe in Stücke schneiden.
■ Risotto bianco: Zwiebel andünsten. Die Scampi beifügen, 1 Minute dünsten. Weiter nach Rezept.
■ Nach 15 Minuten Kochzeit den Radicchio dazugeben.

Variante
Statt Scampi Crevetten verwenden.

Risotto ai Frutti di Mare
Mit Meeresfrüchten

12 große Venus- oder Miesmuscheln
24 rohe Crevetten mit Schale
½ TL Safranfäden oder ½ TL Safranpulver
1 Rezeptmenge Risotto bianco, Seite 19:
Zwiebel durch 2 Schalotten, Geflügel- durch
Gemüsebouillon ersetzen
4 EL gehackte glattblättrige Petersilie

■ Die Muscheln unter fließendem kaltem Wasser gründlich bürsten. In der heißen, leicht kochenden Bouillon für den Risotto 5–10 Minuten ziehen lassen, bis sie sich öffnen (nicht geöffnete wegwerfen). Das Muschelfleisch herauslösen und je nach Größe klein schneiden.

■ Die Crevetten aus der Schale lösen, in Stücke schneiden und zugedeckt beiseitestellen. Die Crevettenschalen in der Bouillon 15 Minuten auskochen lassen. Dann die Bouillon durch ein feines Sieb gießen und den Safran beifügen.

■ Risotto bianco nach Rezept zubereiten: 5 Minuten vor Ende der Kochzeit die Crevetten dazugeben. Am Schluss die Muscheln und die Petersilie mit Butter und Käse (nach Belieben) unter den Risotto mischen.

Risotto al Limone con Scampi
Mit Zitrone und Scampi

2 unbehandelte kleine Zitronen
ca. 125 ml Wasser
1 Rezeptmenge Risotto bianco, Seite 19:
Weißwein weglassen

Sauce:
16–20 kleine Scampischwänze, geschält
Olivenöl zum Braten
150 ml trockener Weißwein
200 ml Rahm
2 EL gehackte glattblättrige Petersilie
Salz, Pfeffer

Zitronenzesten und Petersilienblättchen
zum Garnieren

■ Die Schale einer Zitrone mit dem Sparschäler dünn abschälen und im Wasser 5 Minuten köcheln lassen, warm stellen. Die Schale der zweiten Zitrone mit dem Zestenmesser dünn abziehen, zugedeckt beiseitestellen.

■ Risotto bianco nach Rezept zubereiten: Nach dem ersten Viertel Bouillon das Zitronenwasser und die Zitronenschale beifügen. Weiter nach Rezept.

■ Sauce: Die Scampi je nach Größe portionenweise in Öl 1 Minute braten. Mit Wein ablöschen, fast vollständig einkochen lassen. Den Rahm und die Petersilie dazugeben, bei kleiner Hitze um gut einen Drittel einkochen lassen. Mit Salz und Pfeffer würzen.

■ Den Risotto auf heiß vorgewärmten Tellern anrichten. Die Sauce darauf verteilen. Mit Zitronenzesten und Petersilie garnieren.

Risotto ai Gamberi e Calamari
Mit Crevetten und Tintenfisch

**1 Rezeptmenge Risotto bianco, Seite 19:
Käse weglassen
400 g rohe Crevettenschwänze, geschält
200 g Calamari, in Ringe geschnitten
Olivenöl zum Braten
feines Meersalz**

■ Risotto bianco nach Rezept zubereiten.
■ Die Crevetten und Calamari im Öl braten. Mit 100 ml Bouillon ablöschen, einkochen. Am Schluss unter den Risotto mischen. Mit Meersalz abschmecken.

Risotto al Vino bianco
Mit Weißwein

**1 Rezeptmenge Risotto bianco, Seite 19:
200–250 ml fruchtigen Weißwein
(z. B. Chardonnay) verwenden, entsprechend weniger Bouillon
1 Karotte, geschält, in feine Streifen geschnitten
2 Knoblauchzehen, fein gehackt**

■ Risotto bianco: Die Zwiebel mit der Karotte und dem Knoblauch dünsten. Weiter nach Rezept.
■ Nach dem dritten Viertel Bouillon den Wein dazugießen.

Risotto al Vino rosso
Mit Rotwein

**1 Rezeptmenge Risotto bianco, Seite 19:
Weißwein durch ¼ l roten Barbera ersetzen
1 Knoblauchzehe, fein gehackt
2 TL Tomatenpüree
frisch gemahlener schwarzer Pfeffer**

■ Risotto bianco: Die Zwiebel mit dem Knoblauch dünsten. Den Reis dazustreuen, dünsten. Das Tomatenpüree mit 125 ml Bouillon beifügen, einkochen lassen. Den Wein dazugießen. Weiter nach Rezept. Am Schluss den Risotto mit Pfeffer abschmecken.

Risotto al Vodka
Mit Wodka

**1 Rezeptmenge Risotto bianco, Seite 19: Weiß-
wein weglassen**
50 ml Wodka
1–2 EL frisch gepresster Zitronensaft
**1 unbehandelte Zitrone, fein abgeriebene
Schale**
2 EL gehackte Minze

■ Risotto bianco nach Rezept zubereiten:
5 Minuten vor Ende der Kochzeit den Wodka,
den Zitronensaft, die Zitronenschale und
Minze beifügen. Den Risotto von der Herdplatte nehmen, Butter und Käse daruntermischen. Zugedeckt 5 Minuten ziehen
lassen.

Risotto con Carne e Vino
Mit Fleisch und Wein

**30 g Pancetta (italienischer Bauchspeck),
fein gehackt**
1 Knoblauchzehe, fein gehackt
Butter zum Dünsten
1 TL gehackter Rosmarin
1½ TL gehackter Salbei
100 g gehacktes Rindfleisch
Salz, frisch gemahlener schwarzer Pfeffer
**1 Rezeptmenge Risotto bianco, Seite 19:
Zwiebel, Butter und Olivenöl weglassen,
Weißwein durch 275 ml kräftigen Rotwein
(z. B. Barolo) ersetzen**

■ Den Pancetta und Knoblauch in Butter
dünsten. Die Kräuter beifügen und dünsten.

Das Fleisch dazugeben und braten, bis es
krümelig wird. Würzen und mit ¼ l Wein ablöschen, einkochen lassen.
■ Risotto bianco: Den Reis zum Fleisch
streuen, unter Rühren dünsten. Weiter nach
Rezept.
■ Am Schluss den restlichen Wein, Butter
und Käse unter den Risotto mischen,
1–2 Minuten ziehen lassen.

Variante
Statt gehacktes Rindfleisch eine milde,
leicht süßliche Schweinswurst, z. B. Luga-
nighe, verwenden: in knapp 1 cm dicke
Scheiben schneiden. Risotto bianco: Zwiebel
andünsten, die Wurst beifügen und leicht
braten. Mit Weißwein ablöschen, einkochen.
Reis dazustreuen. Weiter nach Rezept.

Pomodoro al Riso

Gefüllte Tomaten

8 reife, feste Tomaten
100 g Risottoreis, z. B. Vialone
2 Knoblauchzehen, fein gehackt
2 EL fein gehackte glattblättrige Petersilie
6–8 Basilikumblätter, fein geschnitten
60 ml kaltgepresstes Olivenöl
Salz, Pfeffer

■ Das obere Drittel der Tomaten als Deckel wegschneiden, beiseitelegen. Die Tomaten über einer Schüssel aushöhlen und in eine ofenfeste Form setzen.

■ Das Tomatenfleisch pürieren. Den Reis, den Knoblauch, die Kräuter und 50 ml Öl beifügen, würzen.

■ Die Füllung in die Tomaten verteilen. Den Tomatendeckel daraufsetzen und mit wenig Öl beträufeln.

■ In der oberen Hälfte des auf 200 Grad vorgeheizten Backofens 40–50 Minuten backen, bis die Tomaten sehr weich und leicht gebräunt sind. Warm oder kalt servieren.

Tipp

Die Tomaten einige Stunden im Voraus aushöhlen, innen leicht salzen und mit der Öffnung nach unten auf ein mit Haushaltpapier belegtes Kuchengitter setzen.

Notiz

Es bleibt immer etwas Füllung übrig: in ein geöltes ofenfestes Förmchen geben und mitbacken.

Reisgerichte wie Risotto sind rund um die Welt zu finden. Am ähnlichsten sind ihm die spanische Paella, das kreolische Jambalaya und der Pilaf aus dem Balkan und dem Vorderen Orient. Nachfolgend eine Auswahl. Zudem einige weniger bekannte Risotto-Spezialitäten wie Supplì al Telefono, Arancini di Riso, Risi-e-Bisi-Suppe und andere.

Paella

Paella gibt ebenso viel zu diskutieren wie Risotto: Welcher Reis ist der beste? Ist hartes Wasser weichem vorzuziehen? Kocht man das Gericht auf dem Feuer, auf dem Herd oder im Ofen? Wie muss die originale Paella sein? Und wann ist sie ein »arroz«, ein Reisgericht? Wir maßen uns nicht an, diese Fragen zu beantworten. Eine spanische Journalistin versuchte den Unterschied auf humorvolle Art zu erklären: Die Paella ist ein viriles Gericht. Sie wird – original – von Männern zubereitet. Draußen im Freien, in der großen, flachen Eisenpfanne, auf offenem Feuer. Reis wird mit den typischen Zutaten der Jagd und des Fischfangs (Schnecken, Kaninchen, Ente, Süßwasseraale usw.) gegart. Bei der Paella ist der Reis aromatisch, festkörnig und bleibt trocken. Die weibliche Version des »arroz« ist »meloso«: Der Reis wird in einer etwas tieferen ofenfesten Kasserolle aus Steingut, der «cazuela», mit Zutaten wie Gemüse, Wurst usw. weicher und cremiger geschmort.

Für 6 Portionen

500 g Hühnerunterschenkel
Olivenöl zum Braten
250 g Schweinefilet, gewürfelt
100 g Hühnerleber, frisch oder tiefgekühlt
6 Scampischwänze, geschält
6–8 rohe Crevettenschwänze, geschält
400 g Venus- oder Miesmuscheln, geputzt
3 Knoblauchzehen, fein gehackt
1 weiße Zwiebel, fein gehackt
je 1 kleiner grüner und roter Peperone
(Paprika), in feine Streifen geschnitten
2 reife Fleischtomaten, gehäutet, entkernt, gewürfelt
500 g Reis, z. B. Arroz Bomba, Carnaroli
3 Briefchen Safranpulver, mit wenig kaltem
Wasser verrührt
1 EL Paprikapulver
2 getrocknete Chili oder etwas Cayennepfeffer
¼ l trockener Weißwein
¾ l Geflügelbouillon
100 g Erbsen, frisch oder tiefgekühlt
Salz, Pfeffer
½ Bund glattblättrige Petersilie, gehackt
2 Zitronen, in Schnitze geschnitten,
zum Servieren

■ Die Hühnerschenkel mit Haushaltpapier trocken tupfen und in einer weiten Pfanne (Paellapfanne oder Wok) im Öl rundum rasch anbraten. Herausnehmen, beiseite stellen.
■ Das Schweinefleisch, die Hühnerleber, Scampi, Crevetten und Muscheln braten. Herausnehmen, zugedeckt beiseitestellen.
■ Knoblauch, Zwiebel, Peperoni und Tomaten im verbliebenen Bratsatz 5 Minuten andünsten. Den Reis dazustreuen, unter Rühren

dünsten, bis das Korn mit einem weißlichen Film überzogen ist. Den Safran samt Wasser, Paprikapulver, Chili oder Cayennepfeffer beifügen. Mit dem Wein ablöschen, einkochen lassen. Die Hühnerschenkel, das Schweinefleisch und die Bouillon dazugeben, locker mischen.

■ Die Paella in der Pfanne in der Mitte des auf 175 Grad vorgeheizten Backofens 20 Minuten garen.

■ Herausnehmen, die Hühnerleber, Muscheln, Scampi, Crevetten und Erbsen beifügen. Die Pfanne mit Alufolie dicht verschließen und die Paella im ausgeschalteten, geöffneten Ofen 10 Minuten ziehen lassen. Nach Bedarf mit Salz und Pfeffer abschmecken. Mit Petersilie bestreuen. Mit Zitronenschnitzen servieren.

Tipps

■ Leber, Scampi, Crevetten und Muscheln unter Wenden nur kurz eher dünsten als braten.

■ Die Krusten- und Schalentiere frisch oder tiefgekühlt verwenden: Sie brauchen nicht aufgetaut zu werden, sondern können direkt bei mittlerer Hitze angebraten werden.

Varianten

■ Die Hühnerschenkel ganz oder teilweise durch Kaninchenragout (kleine Stücke) ersetzen.

■ Statt Scampi und Crevetten Tintenfisch (-ringe) verwenden.

■ Statt frischen Tomaten 1 kleine Dose (230 g) geschälte, gehackte Tomaten verwenden.

Notiz

Die Paella hat ihren Namen von der »paellera«, der flachen runden Eisenpfanne, in der sie zubereitet wird. Statt der Paellapfanne (oder dem Wok) die vorbereiteten Zutaten in einen Bräter (Bratgeschirr) oder in ein Blech mit hohem Rand füllen und im Backofen garen. Warum im Ofen? In Spanien wird die Paella auf dem offenen Feuer zubereitet – bei rundum gleichmäßiger Hitze. Genau wie im Ofen. Nur auf dem Feuer gibt es die heiß begehrte Kruste (pegado), die am Schluss zentimeterdick zurückbleibt (und die natürlich abgekratzt und gegessen wird).

Für Paella gibt es in Spanien kein bestimmtes Rezept. Sie wird immer wieder anders zubereitet – einfach oder aufwändig – mit den Zutaten, die zur Verfügung stehen, die Saison haben oder die man sich leisten kann. Grundlage ist immer ein würziger Reis, gefärbt mit Safran. Dazu kommen Huhn, Fleisch, Wurst (Chorizo), Fisch, Meeresfrüchte und Gemüse.

Die Würzbasis, der Soffrito, ist etwas reichhaltiger als der für Risotto: Neben Zwiebeln und Knoblauch gehören Tomaten, eventuell frische Kräuter und Peperoni dazu. Die Zutaten werden so lange gedunstet, bis sie richtig vermischt sind und fast alle Flüssigkeit verdampft ist. Kann im Voraus zubereitet und im Kühlschrank aufbewahrt werden.

Spanischer Paellareis ist eine spezielle Sorte: Das Korn ist kleiner als jenes von Risottoreis. Carnaroli-Risottoreis oder Originario-Milchreis sind ein guter Ersatz.

Paella mit Meeresfrüchten
Valencia

Für 6 Portionen

12 rohe Riesencrevetten, ganz, mit Schale
12 rohe kleine Crevetten, ganz, mit Schale
Olivenöl zum Braten und Dünsten
1 große Zwiebel, fein gehackt
2 reife Fleischtomaten, gehäutet, entkernt,
gehackt
2 l Wasser
je 250 g Mies- und Venusmuscheln, geputzt
2 Knoblauchzehen, in feine Scheiben
geschnitten
5 kleine Tintenfische, geputzt, in Ringe
geschnitten
500–600 g Reis, z. B. Arroz Bomba, Carnaroli
einige Safranfäden, in kaltem Wasser
eingelegt
1 TL Paprikapulver
Salz

■ Die Crevetten im Öl unter Wenden rasch braten, herausnehmen und beiseitestellen. Die Zwiebel im verbliebenen Bratsatz glasig dünsten. Die Tomaten beifügen und dünsten, bis fast alle Flüssigkeit verdampft ist. Mit Wasser aufgießen.
■ Die Crevetten schälen. Die Schalen samt Kopf im Cutter puderfein mahlen und zur Tomatensauce geben. Bei kleiner Hitze 40 Minuten einkochen lassen.
■ Die Muscheln tropfnass zugedeckt bei hoher Temperatur erhitzen, bis alle geöffnet sind (nicht geöffnete wegwerfen). Die Flüssigkeit durch ein Sieb zur Tomatensauce geben. Die Muscheln zugedeckt beiseite-

stellen. Die Tomatensauce durch ein feines Sieb passieren, beiseitestellen.
■ Den Knoblauch in einer weiten Pfanne im Öl andünsten. Den Tintenfisch dazugeben und dünsten, bis er leicht Farbe annimmt. Den Reis dazumischen. Mit der Tomatensauce aufgießen. Safran und Paprikapulver beifügen, salzen. Bei mittlerer Hitze 10 Minuten garen. Die Crevetten und Muscheln dazugeben. Bei kleiner Hitze 10 Minuten ziehen lassen. Die Paella von der Herdplatte nehmen und mit einem Tuch bedeckt 5 Minuten stehen lassen.

Paella mit Bohnen

Für 8 Portionen

1 Huhn, ca. 1 kg, in 8 Teile zerlegt
Salz, Pfeffer
Olivenöl zum Braten
500 g Kaninchenragout
2 reife Fleischtomaten, gehäutet, entkernt,
gehackt
250 g getrocknete weiße Bohnen, 12 Stunden
in Wasser eingeweicht
2–3 l Wasser
½ TL Paprikapulver
1 Prise Safranpulver
500–600 g Reis, z. B. Arroz Bomba, Carnaroli
150 g frische Fave (Sau- oder Puffbohnen),
ausgelöst, geschält
300 g grüne Bohnen, geröstet, je nach Größe
in Stücke geschnitten

■ Die Hühnerteile mit Haushaltpapier trocken tupfen und würzen. In einer weiten

Pfanne im Öl rundum rasch anbraten, herausnehmen und beiseitestellen. Das Kaninchenragout würzen und im verbliebenen Bratsatz goldbraun braten. Die Tomaten und Hühnerteile beifügen, 5 Minuten braten.

■ Die weißen Bohnen abgießen, gut abtropfen lassen und zum Fleisch geben. Mit 2 l Wasser aufgiessen, aufkochen. Zugedeckt bei kleiner Hitze 45 Minuten garen. Mit Paprika, Safranpulver und Salz würzen.

■ Den Reis dazumischen. Die Fave und die grünen Bohnen dazugeben. Wenn nötig Wasser nachgießen. Bei mittlerer Hitze 10 Minuten garen, dann bei kleiner Hitze weitere 10 Minuten ziehen lassen. Die Paella von der Herdplatte nehmen, mit einem Tuch bedeckt 5 Minuten stehen lassen.

Sopa de Picadillo

Spanien

1 mittelgroße Zwiebel, fein gehackt
1 Karotte, geschält, in feine Streifen geschnitten
1 mittelgroße Kartoffel, geschält, gewürfelt
Olivenöl zum Dünsten
150 g Reis, z. B. Arroz Bomba, Carnaroli
1 Scheibe geräucherter Schinken, ca. 100 g, in feine Streifen geschnitten
850 ml Geflügelbouillon, heiß
2 EL Zitronensaft
Salz, Pfeffer
frische Minzenblättchen, fein geschnitten

■ Zwiebel, Karotte und Kartoffel in Öl 4 Minuten dünsten. Den Reis dazustreuen, dünsten. Den Schinken beifügen. Mit

Bouillon aufgießen. Bei kleiner Hitze 15–20 Minuten köcheln lassen. Mit Zitronensaft, Salz und Pfeffer abschmecken. Mit Minze bestreut servieren.

Tipp
Schmeckt aufgewärmt noch besser!

Cilantro Rice

Mexiko

1 mittelgroße Zwiebel, fein gehackt
2 große Knoblauchzehen, fein gehackt
1 grüner Peperone (Paprika), fein gewürfelt
1–2 grüne Chili, halbiert, entkernt, fein geschnitten
1–2 Bund Koriander (ca. 50 g), fein gehackt
Olivenöl zum Dünsten
350 g Langkornreis
1 l Geflügel- oder Gemüsebouillon, heiß
50 g Manchego (spanischer Schafskäse), gerieben
1 Limette, in Schnitze geschnitten

■ Die Zwiebel mit dem Koriander in Öl 4–5 Minuten dünsten. Den Reis dazustreuen, dünsten. Mit Bouillon ablöschen, aufkochen. Bei kleiner Hitze 15 Minuten köcheln lassen. Dann die Herdplatte ausschalten und den Reis zugedeckt 5 Minuten ziehen lassen. Mit Manchego und Limettenschnitzen servieren.

Jambalaya und Gumbo

»Jambalaya« setzt sich zusammen aus der französischen Bezeichnung für Schinken, »jambon«, »à la«, an oder mit, sowie »ya«, einem afrikanischen Wort für Reis. Jambalaya und Gumbo sind dem senegalesischen Tiebe, den karibischen und südkarolinischen Pilafs und der spanischen Paella sehr ähnlich. Sie werden unterschiedlich zubereitet: mal mit Fleisch und Fisch, mal nur mit Fisch oder als moderne Variante. Der Reis wird separat zum saucigen Tomaten-Fleisch-Fisch-Ragout serviert. Oder eine Tomatensauce (Sauce Créole) dient als Basis: Reis, angebratenes Fleisch und Crevetten werden nach und nach beigefügt.

Jambalayas sind aber immer – das ist Tradition – sehr scharf gewürzt und enthalten die »Southern Culinary Trinity«, eine andere Art von Soffrito: Stangensellerie, grüne Peperoni (oder Jalapeño-Peppers) und Zwiebel. Und sie werden immer in einer großen Pfanne serviert, ähnlich der Paella.

Für 6–8 Portionen

Fleisch:
ca. 750 g Spareribs, quer halbiert
Salz, Pfeffer
Öl zum Braten
4 Hühnerschenkel, ohne Haut, in Ober- und Unterschenkel geteilt
250 g scharfe Wurst, z. B. Chorizo, in Scheiben geschnitten
150 g geräucherter Bauernschinken, in schmale Streifen geschnitten

Trinity:
1 weiße Zwiebel, gehackt
1 grüner Peperone (Paprika), entkernt, fein geschnitten
2 Stängel Stangensellerie, fein geschnitten

Gewürze:
3–4 Knoblauchzehen, fein gehackt
2–3 getrocknete rote Chili, fein geschnitten, oder 1 TL Chiliflocken

Roux:
2 EL Mehl
ca. 1 l Wasser oder Crevettenbouillon (siehe Tipp)

Kräuter:
2–3 Thymian- und Salbeizweige, fein geschnitten
½ Bund glattblättrige Petersilie
2 Lorbeerblätter

Gemüse:
500 g vollreife kleine Tomaten, von Hand zerdrückt
2 EL Tomatenpüree

Reis und Meeresfrüchte:
500 g Langkornreis, gespült, abgetropft
250 g rohe Crevettenschwänze, geschält

Tabasco oder andere Louisiana-Sauce

■ Die Spareribs würzen und portionenweise in Öl unter Wenden kräftig anbraten. Herausnehmen, beiseitestellen. Die Hühnerschenkel würzen und portionenweise rundum anbraten. Herausnehmen, beiseitestellen. Die Wurst und den Schinken kurz braten. Herausnehmen, beiseitestellen. Das Fett in der Pfanne mit Haushaltpapier auftupfen.

■ Zwiebel, Peperone und Sellerie in der Pfanne in wenig Öl bei kleiner Hitze 5 Minuten weich dünsten. Den Knoblauch und die Chili beifügen, kurz dünsten.

■ Das Mehl darüberstäuben, unter ständigem Wenden 1–2 Minuten hellbraun rösten. Die Spareribs dazugeben, mischen. Das Wasser oder die Crevettenbouillon nach und nach unter Rühren dazugießen.

■ Kräuter, Tomaten und Tomatenpüree beifügen, unter Rühren langsam aufkochen. Mit Salz und Pfeffer würzen. Zugedeckt bei kleiner Hitze 20 Minuten schmoren lassen. Die Hühnerschenkel dazugeben, zugedeckt weitere 5–10 Minuten schmoren.

■ Reis und Wurst beifügen, mischen und zugedeckt bei kleinster Hitze 20 Minuten quellen lassen. Die Crevetten im Reis verteilen, zugedeckt 5 Minuten ziehen lassen. Den Schinken dazugeben, warm werden lassen.

■ Das Jambalaya in der Pfanne auf den Tisch stellen und dazu die Sauce servieren.

Tipp

Crevettenbouillon selbst gemacht: Die Schalen der Crevetten mit 1 gehackten kleinen Zwiebel, 1 Stängel fein geschnittenem Stangensellerie, 1 gepressten Knoblauchzehe, 1 Lorbeerblatt, 2 Petersilienzweigen, wenig getrocknetem Thymian, schwarzen Pfefferkörnern und ¼ l Weißwein aufsetzen und halb zugedeckt 20 Minuten köcheln lassen. Die Bouillon passieren und mit Wasser auf 1 l aufgießen.

Varianten

■ Statt Spareribs 350 g gewürfeltes Schweinefilet oder -schulter verwenden.
■ Den Peperone durch 2 Jalapeño-Peppers ersetzen.

Kreolisches Jambalaya
Variante

200 g Schweinefilet, gewürfelt
200 g Hühnerbrustfilet, in Streifen geschnitten
wenig Mehl
Öl zum Braten
100 g Bauernschinken, fein gehackt
1 weiße Zwiebel, fein gehackt
2 Knoblauchzehen, fein gehackt
2 Zweige glattblättrige Petersilie, fein gehackt
Butter zum Dünsten
600 ml Geflügelbouillon
1 TL Salz
Cayennepfeffer
300 g Langkornreis
120 ml trockener Weißwein
150 g Chorizo, in Rädchen geschnitten
200 g rohe Crevettenschwänze, geschält

Sauce:
1 kleiner grüner Peperone (Paprika), in feine Streifen geschnitten
2 Stängel Stangensellerie, in feine Stücke geschnitten
1 weiße Zwiebel, in feine Streifen geschnitten
Olivenöl zum Dünsten
2 Knoblauchzehen, geschält
½ TL gemahlener weißer Pfeffer

Worcestersauce und Tabasco

1 EL frisch gepresster Zitronensaft

500 g vollreife kleine Tomaten

½ EL Tomatenpüree

300–400 ml Wasser

2 Lorbeerblätter

Oregano, Thymian, Paprikapulver, Cayenne-pfeffer

Garnitur:

glattblättrige Petersilie

Frühlingszwiebeln

■ Sauce: Peperone, Sellerie und Zwiebel in Öl glasig dünsten. Den Knoblauch dazu-pressen, dünsten. Mit Pfeffer, den Würzsaucen und dem Zitronensaft kräftig würzen. Bei kleiner Hitze 5 Minuten köcheln lassen. Die Tomaten über der Pfanne von Hand quet-schen, bis der Saft austritt, dann beifügen. Das Tomatenpüree und 200 ml Wasser dazugeben. Zugedeckt 20 Minuten köcheln lassen. Das restliche Wasser und die Gewürze beifügen. Zugedeckt weitere 30 Minuten köcheln lassen.

■ Das Fleisch mit Haushaltpapier trocken tupfen und leicht mehlen. Portionenweise in Öl unter Wenden rasch braten. Heraus-nehmen, zugedeckt beiseitestellen.

■ Den Schinken mit der Petersilie in derselben Pfanne in Butter andünsten. Mit der Bouillon ablöschen, würzen. 10 Minu-ten köcheln lassen. Den Reis dazumischen. Weitere 10–15 Minuten köcheln lassen, dann die Herdplatte ausschalten und den Reis zugedeckt 5 Minuten quellen lassen.

■ Den Wein mit der Chorizo zur Sauce ge-ben. Das Fleisch und die Crevetten beifügen.

Bei kleiner Hitze 5–7 Minuten ziehen lassen. Nach Bedarf abschmecken.

■ Den Reis in der Mitte einer vorgewärm-ten Platte anrichten. Das Fleisch und die Crevetten samt Sauce rundherum verteilen. Mit Petersilie und Zwiebeln garnieren.

Tipps

■ Die Sauce im Voraus zubereiten: Sie ist in einem gut verschlossenen Glasgefäß im Kühlschrank 1–2 Wochen haltbar.

■ Dazu Sambal Oelek oder Peperoncini in Essig servieren.

Gumbo

Louisiana

Für 6–8 Portionen

50 g Mehl

Erdnussöl zum Dünsten

1 große weiße Zwiebel, fein gehackt

6 Frühlingszwiebeln, samt Grün fein gehackt

2–3 Stängel Stangensellerie, samt Grün

fein geschnitten

1 grüner Peperone (Paprika), entkernt,

gewürfelt

4–5 Knoblauchzehen, fein gehackt

1,7 l Geflügelbouillon

1 getrockneter Chili

3 frische Lorbeerblätter

1–2 Thymianzweige, Blättchen

Salz, Pfeffer

ca. 1 kg gemischte grüne Blattgemüse

(Spinat, Pak-choi, Krautstiele, Blätter von

Kohlrabi und Randen, Kohl usw.), in Streifen

geschnitten

150 g Okra, frisch angeschnitten, in 5 mm
dicke Stücke geschnitten
2 EL Pfeilwurzmehl (Arrowroot), siehe Notiz
1 Bund glattblättrige Petersilie, fein gehackt

Beilage:
450–600 g gekochter Langkornreis
Tabasco oder Hot-Pepper-Sauce

■ Das Mehl in Öl bei kleiner Hitze unter
Rühren hellbraun rösten. Zwiebeln, Sellerie,
Peperone und Knoblauch beifügen, dünsten.
Mit der Bouillon ablöschen, unter Rühren
aufkochen. Chili, Lorbeer und Thymian dazu-
geben, würzen. Offen 15 Minuten köcheln
lassen.
■ Das Gemüse beifügen, locker mischen
und 10–15 Minuten köcheln lassen. Das Pfeil-
wurzmehl mit etwas Kochflüssigkeit glatt
rühren, dazugießen und kurz aufkochen. Die
Petersilie darüberstreuen, abschmecken.
■ Den Gumbo mit Reis und Tabasco oder
Hot-Pepper-Sauce servieren.

Variante
Statt Okra blanchierte Cocobohnen
(breite Bohnen) verwenden. Nach Belieben
gekochte Kichererbsen, Linsen oder Soja-
bohnen beifügen.

Notiz
Pfeilwurzmehl ist im Reformhaus oder
in asiatischen und afrikanischen Lebensmittelgeschäften erhältlich. Original wird
»Filé Powder« verwendet, das allerdings
schwer erhältlich ist. Dieses aus den getrockneten Blättern des Sassafraßbaums ge-
wonnene Pulver bindet Flüssigkeiten, Sup-

pen usw. (immer erst am Ende der Kochzeit
beifügen und nur noch heiß werden lassen).

Supplì al Telefono
Gefüllte Reisbällchen aus Sizilien

1 Rezeptmenge Risotto bianco, Seite 19,
oder Risottorest
3–4 EL frisch geriebener Parmesan
1–2 Eier, verquirlt

Füllung:
100 g Parmaschinken, gewürfelt
100 g Fontina (italienischer Weichkäse)
oder Mozzarella, gewürfelt

Panade:
wenig Mehl
Brotbrösel
Kokosfett zum Frittieren

■ Risotto bianco nach Rezept, wenn
möglich einen Tag im Voraus, zubereiten:
Sobald er al dente ist, auf ein Blech geben
und flach streichen. Dann zugedeckt im
Kühlschrank aufbewahren – die Bällchen
lassen sich mit gekühltem Reis leichter
formen.
■ Den Parmesan und 1 Ei von Hand
unter den kalten Risotto mischen. Je nach
Konsistenz das zweite Ei beifügen, bis
die Masse formbar wird.

■ Eine Handfläche mit Mehl bestäuben. 1 EL Risottomasse daraufgeben. Mit je 1 Würfel Schinken und Käse belegen. Mit 1 EL Risottomasse bedecken. Zu Bällchen formen und in den Brotbröseln wenden. Nebeneinander auf eine Platte setzen, zugedeckt 30 Minuten kalt stellen.

■ Die Reisbällchen kurz vor dem Servieren portionenweise im 190 Grad heißen Fett unter Wenden 60–90 Sekunden frittieren. Mit einer Schaumkelle herausnehmen, auf Haushaltpapier abtropfen lassen. Noch warm servieren.

Varianten

■ Für die Füllung statt Parmaschinken gekochten Bein-, Modelschinken oder Bratenreste verwenden.

■ Zusätzlich Kräuterblättchen, blanchierte Erbsen, Karottenwürfel usw. zur Füllung geben.

Notiz

Supplì al Telefono heißt übersetzt: Telefondrähte. Beim Aufbrechen der noch warmen Bällchen zieht der Käse (vor allem Mozzarella) lange Fäden.

Reis mit Sauerkirschen und Safran
Persien

¼ TL Safranfäden
1 weiße Zwiebel, fein gehackt
1 kleines Lorbeerblatt
Maiskeimöl zum Dünsten
300 g Mittel- oder Langkornreis
300 ml Geflügelbouillon
300 ml Wasser
40–50 g getrocknete Sauerkirschen
(Reformhaus)
30 g Mandelblättchen, geröstet

■ Den Safran zugedeckt im Dampf 3–4 Minuten quellen lassen. Herausnehmen, beiseitestellen. Die Zwiebel mit dem Lorbeer in Öl glasig dünsten. Den Reis dazustreuen, unter Rühren 1 Minute dünsten. Mit Bouillon und Wasser aufgießen. Die Sauerkirschen und den Safran beifügen, mischen. Zugedeckt bei kleiner Hitze 18–20 Minuten ziehen lassen.

■ Den Reis mit einer Gabel lockern, von der Herdplatte nehmen und zugedeckt 5 Minuten stehen lassen. Mit Mandeln bestreut servieren.

Variante

Statt Sauerkirschen getrocknete Preiselbeeren verwenden.

Risi-e-Bisi-Suppe

Italien/Venetien

**Ca. 1 kg frische Erbsen, mit den Schoten
gewogen**
1 kleine Zwiebel, fein gehackt
50 g Butter
1–2 Prisen Salz
**850 ml selbst gemachte Fleischbouillon,
Rezept Seite 13**
200 g Risottoreis, z. B. Arborio
2 EL gehackte glattblättrige Petersilie
30–40 g frisch geriebener Parmesan

■ Die Erbsen auslösen. 1 große Tasse voll
unbeschädigte Schoten (die knackigsten)
beiseitestellen. Auf der Innenseite der
Schoten befindet sich ein feines glattes
Häutchen: dieses an einer Schotenspitze
lösen und abziehen. Die gesäuberten
Schoten und Erbsen in einem Sieb abbrausen, gut abtropfen lassen.

■ Die Zwiebel in der Butter 5 Minuten
glasig dünsten. Die Erbsen und Schoten beifügen, salzen und 3 Minuten dünsten. ¾ l
Bouillon dazugießen. Zugedeckt bei kleiner
Hitze 10 Minuten köcheln lassen. Den Reis
und die restliche Bouillon dazugeben. Zugedeckt 15–20 Minuten köcheln lassen, bis
der Reis knapp weich ist. Ab und zu rühren.
Die Petersilie und den Parmesan unter
die Suppe mischen. Nach Bedarf mit Salz
abschmecken.

Notiz

Risi e Bisi ist das bekannteste venezianische Gericht: Es wird traditionell am 25. April
zu Ehren des Schutzheiligen von Venedig

gekocht. Es sollten nur frische Erbsen verwendet werden (weil die Schoten mitgekocht werden), die Vorboten des Frühlings.
Risi e Bisi ist eine dicke Reissuppe mit Erbsen
oder ein sehr dünnflüssiger Risotto, den
man mit dem Löffel genießt.

Gebratener Safranrisotto

1 Rezeptmenge Risotto bianco, Seite 19:
Weißwein durch 175 ml Rotwein ersetzen
**½ TL Safranpulver, in wenig Bouillon
aufgelöst**
frische Brotbrösel
Bratbutter zum Braten

■ Risotto bianco nach Rezept zubereiten:
Mit Safran würzen. Am Schluss Butter und
Parmesan unter den Risotto mischen. Zugedeckt 2 Minuten stehen lassen, dann auf
ein Blech geben, flach streichen und auskühlen lassen.

■ Aus je 2–3 EL Risotto flache Burger
formen. In den Brotbröseln wenden, diese
gut andrücken. Nebeneinander auf ein
Blech legen, kalt stellen.

■ Die Risottoburger kurz vor dem Servieren
portionenweise in Bratbutter unter Wenden
golden braten.

Tipp

Die gebratenen Risottoburger am besten
aus Resten zubereiten.

Riso al Salto
Gebratener Risotto

**Ca. 600 g Risotto alla Milanese, Rezept
Seite 21, ausgekühlt
60 g Butter
60–100 g frisch geriebener Parmesan**

■ Den Risotto in einer großen Pfanne in
30 g warmer Butter wie eine Rösti braten:
flach, nicht höher als 5 cm auf dem Pfannen-
boden verteilen. Bei kleiner bis mittlerer
Hitze 4–5 Minuten braten. Mithilfe eines
großen Tellers wenden und die zweite
Seite in der restlichen Butter braten. Mit
Parmesan servieren.

Varianten
■ Nach Belieben zusätzlich weiche Butter
und geriebenen Käse unter den ausgekühl-
ten Risotto mischen.
■ Zusätzlich 2–4 Eier unter den ausgekühl-
ten Risotto mischen.
■ Eine ofenfeste Form von 28–30 cm
Durchmesser (oder 6 Portionenformen von
12–15 cm Durchmesser) mit einer Knoblauchzehe ausreiben, ausbuttern und mit 2 EL
geriebenem Parmesan ausstreuen. Den
Risotto darin verteilen, glatt streichen und
mit 2–3 EL geriebenem Parmesan bestreuen.
In der Mitte des auf 225 Grad vorgeheizten
Backofens 25–30 Minuten golden backen.
Auf eine vorgewärmte Platte stürzen und
wie einen Kuchen in Stücke schneiden.

Pestoreis-Burger

**½ Rezeptmenge Risotto bianco, Seite 19:
Butter am Schluss weglassen
1–2 EL Pesto oder Pesto Genovese, Rezept
Seite 32
1 Ei, verquirlt
1 EL Mehl
Salz, Pfeffer
Olivenöl zum Braten**

**Beilage:
300 g gebratene Pilze, Rezept Seite 29
Crème fraîche**

■ Risotto bianco nach Rezept zubereiten:
Am Schluss den Pesto mit dem Käse unter
den Risotto mischen, auskühlen lassen.
■ Kurz vor dem Servieren das Ei mit Mehl,
Salz und Pfeffer unter den Risotto mischen.
Esslöffelgroße Portionen im Öl unter
Wenden braten.
■ Mit Pilzen und Crème fraîche servieren.

Variante
Die Reisburger mit Crème fraîche,
geräuchertem Lachs, Lachsrogen, Zitronenschnitzen und Dill servieren.

Arancini di Riso
Gefüllte Reisbällchen aus Sizilien

350 g Risottoreis, z. B. Vialone
50 g Pecorino, frisch gerieben
2 Eier, verquirlt
Salz, nach Bedarf

Füllung:
30 g Pancetta (italienischer Bauchspeck),
gehackt
Olivenöl zum Dünsten
1 kleine Zwiebel, gehackt
150 g Hackfleisch
2 EL Tomatenpüree
100 g frische Erbsen, ausgelöst
50 g gekochter Schinken, fein gewürfelt
Pfeffer
100–150 g Mozzarella-Perlen, abgetropft

Panade:
Mehl
2 Eier, verquirlt
Brotbrösel
Olivenöl zum Frittieren

■ Den Reis in reichlich Salzwasser bissfest garen, abgießen und gut abtropfen lassen. Mit dem Pecorino und den Eiern mischen, nach Bedarf salzen. Die Risottomasse auf einem Blech flach ausstreichen, auskühlen lassen und zugedeckt in den Kühlschrank stellen.

■ Füllung: Den Pancetta in Öl leicht braten. Die Zwiebel beifügen, glasig dünsten. Das Hackfleisch dazugeben und bei größerer Hitze braten, bis es krümelig wird. Das Tomatenpüree mit 2–3 EL Wasser glatt rühren, zum Fleisch geben. Die Erbsen beifügen. Zugedeckt bei kleiner Hitze 30–40 Minuten köcheln lassen. Den Schinken daruntermischen. Mit Pfeffer abschmecken und auskühlen lassen.

■ Eine Handfläche mit Mehl bestäuben. 1 EL Risottomasse daraufgeben. Etwas Füllung und die Mozzarella-Perlen in die Mitte drücken. Das Loch verschließen, zu Bällchen formen. Zuerst im Mehl, dann im Ei und in den Brotbröseln wenden, diese gut andrücken. Nebeneinander auf eine Platte setzen.

■ Die Reisbällchen portionenweise im 180 Grad heißen Öl unter Wenden goldgelb frittieren. Mit einer Schaumkelle herausnehmen, auf Haushaltpapier abtropfen lassen und im Backofen warm halten.

Varianten
■ Den Reis mit Safran abschmecken.
■ Für die Füllung statt Hackfleisch Hühnerleber, frische Pilze oder Bratenreste verwenden.

Risotto-Oliven

1 kleine Zwiebel, fein gehackt
Olivenöl zum Dünsten
200 g Risottoreis, z. B. Arborio
je 300 ml Geflügelbouillon und Milch, heiß
150–175 g Olivenpaste
Salz, Pfeffer
30 g Parmesan, frisch gerieben

Panade:
Mehl
4 Eier, verquirlt
300 g Brotbrösel
Erdnuss- und Olivenöl zum Frittieren

■ Die Zwiebel in Öl 5 Minuten dünsten.
Den Reis dazustreuen, dünsten. Mit Bouillon
und Milch aufgießen, aufkochen. Die Hälfte
der Olivenpaste beifügen, mischen. Mit
Salz und Pfeffer würzen. Bei kleiner Hitze
15–20 Minuten köcheln lassen. Die restliche
Olivenpaste und den Parmesan dazugeben.
Auskühlen lassen.

■ Aus dem Risotto knapp esslöffelgroße
Portionen formen, zugedeckt etwa 30 Minuten kalt stellen.

■ Die Risotto-Oliven zuerst im Mehl,
dann im Ei und in den Brotbröseln wenden,
diese gut andrücken. Portionenweise in der
180 Grad heißen Ölmischung goldgelb
frittieren. Mit einer Schaumkelle herausnehmen, auf Haushaltpapier abtropfen lassen
und im Backofen warm halten.

Frittata di Riso

500 g Risotto alla Milanese, Rezept Seite 21,
ausgekühlt
150 g Schweinsbratwurstbrät oder Luganighe-
brät
2 Eier, verquirlt
50 g frisch geriebener Parmesan
50 g Brotbrösel
100–200 ml Milch
Salz, Pfeffer
Olivenöl zum Braten

■ Den Risotto mit 100 ml Milch mischen.
Wenn nötig die restliche Milch nach und
nach dazugeben (es soll eine weiche Masse
entstehen).

■ Den Risotto braten wie Riso al Salto,
Rezept Seite 54.

Süsser Risotto

Für 6 Portionen

Ca. 1 l Milchdrink
1 Vanillestängel mit ausgeschabtem Mark
1 Stück Orangenschale
200 ml Wasser
200 g Risottoreis, z. B. Arborio
100 g Zucker oder Rohzucker
½ TL Salz
75 ml Vollmilch
Zimtpulver zum Bestreuen

■ Die Milch mit dem Vanillestängel, dem Vanillemark und der Orangenschale aufkochen. Warm halten.

■ Das Wasser aufkochen. Den Reis unter Rühren dazustreuen. Bei mittlerer Hitze köcheln lassen, bis alles Wasser aufgesogen ist. Zucker, Salz und die warme Milch samt Vanillestängel und Orangenschale beifügen. Bei kleiner Hitze 20–30 Minuten ziehen lassen.

■ Vanillestängel und Orangenschale entfernen. Die Vollmilch nach und nach dazurühren. Den Risotto auskühlen lassen und mit Zimtpulver bestreut servieren.

Orangenreis-Tarte

Für 1 Blech von 24–26 cm Durchmesser

Teig:
150 g Mehl
1½ EL Puderzucker
¼ TL Salz
1 TL abgeriebene Orangenschale
150 g kalte Butter, gewürfelt
3–4 EL Eiswasser
einige Tropfen Vanillearoma

Belag:
300 ml Milch
125 g Risottoreis, z. B. Arborio
1 EL Butter
100 ml frisch gepresster Orangensaft
175 g Zucker
1 TL abgeriebene Orangenschale
150 ml Rahm oder Crème fraîche
2 Eigelb
2 Eier, verquirlt

Puderzucker zum Bestäuben
flaumig geschlagener Rahm und Orangen-
schnitze zum Servieren

■ Teig: Alle Zutaten zu einem Mürbeteig verarbeiten. Zu einer Kugel formen und zugedeckt kalt stellen. Dann von Hand im Blech verteilen: flach drücken und am Rand hochziehen. Mit einer Gabel dicht einstechen und nochmals kalt stellen.

■ Belag: Die Milch aufkochen. Den Reis in der Butter 2–3 Minuten andünsten. Mit 100 ml Milch unter Rühren ablösen. Bei kleiner Hitze köcheln lassen. Die rest-

liche Milch nach und nach dazugießen. Den Reis al dente garen.

■ Den Teigboden zum Blindbacken vorbereiten: mit einem Backpapierkreis abdecken und mit Hülsenfrüchten beschweren. Im unteren Teil des auf 190 Grad vorgeheizten Backofens 15–20 Minuten backen. Herausnehmen und das Backpapier samt Hülsenfrüchten entfernen, den Teigboden auskühlen lassen.

■ Den Orangensaft mit dem Zucker unter Rühren aufkochen, bis der Zucker aufgelöst ist. Zum Reis geben und 2–3 Minuten köcheln lassen, bis der Zuckersirup absorbiert ist. Auskühlen lassen. Mit den restlichen Zutaten mischen und auf dem Teigboden verteilen.

■ Die Tarte in der Mitte des Ofens 20–30 Minuten backen. Mit Puderzucker bestäuben. Mit Rahm und Orangenschnitzen servieren.

Orangenreis-Tarte

Die Risotto-Neuheiten sind vielleicht die Klassiker von morgen: Die Grundzubereitung bleibt. Die Kombinationen sind freier, mit kleinen Finessen, aber immer mit Respekt für alle Zutaten. Rezepte, für die natürlich gereifte, mit Liebe produzierte Zutaten gerade gut genug sind.

Risotto mit gerösteten Peperoni

1–2 große gelbe Peperoni (Paprika)
2–3 Jalapeño-Peppers oder kleine Corni di bue
wenig Olivenöl
Salz
1 Rezeptmenge Risotto bianco, Seite 19
1–2 EL Aceto balsamico extra vecchio

■ Die Peperoni, Peppers oder Corni di bue rundum mit Öl bepinseln und salzen. Im oberen Teil des auf 220 Grad vorgeheizten Backofens unter Wenden 15–20 Minuten rösten, bis die Haut Blasen wirft und schwärzliche Stellen hat. Herausnehmen, mit einem feuchten Tuch bedeckt auskühlen lassen.
■ Risotto bianco nach Rezept zubereiten.
■ Die Peperoni häuten und halbieren, dabei den Saft auffangen. Die Samen entfernen, die Peperoni in feinste Streifen schneiden und mit dem Saft auf dem Risotto anrichten. Mit Aceto beträufeln.

Tipp
100 ml Aceto balsamico auf 1–2 EL einkochen, damit er konzentrierter wird.

Varianten
■ Mit Auberginen: Auberginen mit Öl bepinseln, mit einer Gabel rundum dicht einstechen und in Alufolie wickeln. Im Backofen rösten, bis sie weich sind. Herausnehmen, halbieren, das Innere mit einem Löffel herausschaben und mit wenig Limettensaft abschmecken. Risotto bianco: Zwiebel dünsten, das Auberginenpüree und den Reis beifügen, dünsten. Weiter nach Rezept. Am Schluss reichlich gehackten Koriander, Olivenöl und Feta oder Ricotta unter den Risotto mischen.
■ Statt Auberginen Kürbis oder Zucchini verwenden. Für stärkeren Röstgeschmack das Gemüse nach einiger Zeit aus der Folie nehmen oder ohne Folie rösten.

Risotto mit getrockneten Tomaten und Ziegenkäse

150 g getrocknete Tomaten (nicht in Öl eingelegt)
150 g cremig-weicher Ziegenfrischkäse
1 Rezeptmenge Risotto bianco, Seite 19: Parmesan weglassen
wenig Oregano, frisch oder getrocknet
50 g Pecorino zum Servieren

■ Die Tomaten im Cutter pürieren und unter den Ziegenfrischkäse mischen.
■ Risotto bianco nach Rezept zubereiten: Am Schluss die Tomaten-Käse-Mischung unter den Risotto rühren. Mit Oregano würzen. Mit Pecorino servieren.

Risotto mit getrockneten Tomaten und Ziegenkäse

Variante

Die Tomaten in heißem Wasser quellen lassen, dann sehr fein schneiden und mit der Zwiebel dünsten. Einen festen Ziegenkäse, z. B. Crotin, in Scheiben schneiden. Den Risotto auf vorgewärmten Tellern anrichten, den Käse darauflegen und unter dem Grill kurz schmelzen lassen. Sofort servieren.

Risotto mit drei Sorten Kürbis

250 g Kürbis, z. B. Butternut, Hubbard
geschält, entkernt
1 kleiner gelber Pâtisson
1 kleiner Zucchino
Salz
Olivenöl zum Braten
wenig Zimtpulver und Pimentpfeffer
1 Rezeptmenge Risotto bianco, Seite 19:
Parmesan durch Fontina (italienischer Weich-
käse) ersetzen

■ Kürbis, Pâtisson und Zucchino raffeln, in ein Sieb geben und leicht salzen. 1 Stunde ziehen lassen, dann gut ausdrücken.
■ Das Kürbisgemisch in Öl bei großer Hitze unter Wenden braten, bis alle Flüssigkeit verdampft ist, würzen.
■ Risotto bianco nach Rezept zubereiten: Am Schluss den Kürbis und Fontina mit Butter unter den Risotto mischen.

Risotto mit Rotkabis und Speck

4 rote Zwiebeln (ca. 150 g), fein geschnitten
80 g Pancetta (italienischer Bauchspeck),
fein gehackt
Olivenöl zum Dünsten
2 Knoblauchzehen, fein geschnitten
400 g Rotkabis (-kohl), fein geschnitten
100 ml Wasser
Salz, frisch gemahlener schwarzer Pfeffer
350 g Risottoreis, z. B. Carnaroli
ca. 1 l selbst gemachte Fleischbouillon,
Rezept Seite 13, heiß
25 g Butter
50–75 g Parmesan, frisch gerieben

■ Die Zwiebeln mit dem Pancetta in Öl 10 Minuten dünsten. Den Knoblauch beifügen, dünsten. Den Rotkabis dazugeben, 2–3 Minuten dünsten. Mit Wasser ablöschen, würzen. Zugedeckt bei kleiner Hitze 1 Stunde schmoren, bis der Kabis sehr weich ist. Wenn nötig Wasser nachgießen, damit er nicht anbrennt.
■ Die Hitze höher stellen. Den Reis dazustreuen, dünsten. Mit 200 ml Bouillon ablöschen. Weiter nach Risotto-Grundrezept, Seite 19. Am Schluss die Butter und den Parmesan unter den Risotto mischen.

Variante

Den Rotkabis statt mit Wasser in kräftigem Rotwein schmoren.

Pilzrisotto mit Mandeln

**200 g kleine weiße Champignons,
in feine Scheiben geschnitten**
Butter zum Braten
einige Tropfen Zitronensaft
etwas abgeriebene Zitronenschale
Salz, Pfeffer
350 g Risottoreis, z. B. Carnaroli
**ca. 1 l selbst gemachte Fleischbouillon,
Rezept Seite 13, heiß**
50 g Mandelsplitter, geröstet, fein gehackt
25 g Butter
75 g Parmesan, frisch gerieben

■ Die Champignons in Butter bei großer
Hitze unter Wenden braten, bis sie goldgelb
werden. Mit Zitronensaft, -schale, Salz und
Pfeffer abschmecken. Den Reis dazustreuen,
dünsten. Mit 200 ml Bouillon ablöschen.
Weiter nach Risotto-Grundrezept, Seite 19.
Am Schluss die Mandeln, die Butter und den
Parmesan unter den Risotto mischen.

Variante
Die Champignons braten. 200 g
geschälte, gehackte Tomaten beifügen. Bei
mittlerer Hitze 20 Minuten köcheln
lassen. Weiter nach Rezept.

Risotto mit Lattich und wildem Fenchel

1 Lattich, in feine Streifen geschnitten
**wildes Fenchelkraut oder Kraut eines Fenchel-
knollens**
Olivenöl zum Dünsten
Salz
**1 Rezeptmenge Risotto bianco, Seite 19:
Olivenöl weglassen**

■ Den Lattich mit dem Fenchelkraut in
Öl bei großer Hitze rührbraten, bis er zu-
sammenfällt und alle Flüssigkeit verdampft
ist, salzen.
■ Risotto bianco: Zwiebel und Butter zum
Lattich geben, Butter schmelzen lassen.
Den Reis dazustreuen. Weiter nach Rezept.

Spinatrisotto mit Minze

> 400 g feine Spinatblätter, verlesen
> 1 Bund Minze, Blättchen
> 1 Rezeptmenge Risotto bianco, Seite 19:
> Olivenöl weglassen
> 150 g geräucherter Pancetta (italienischer
> Bauchspeck), fein geschnitten

■ Den Spinat mit der Minze in siedendem Salzwasser kurz blanchieren. Abgießen, kalt abschrecken und fein hacken.
■ Risotto bianco: Zwiebel mit dem Pancetta andünsten. Weiter nach Rezept. Am Schluss den Spinat und die Minze mit Butter und Käse unter den Risotto mischen.

Varianten
■ Weißwein durch trockenen Wermut ersetzen.
■ Statt Parmesan Pecorino verwenden.
■ Den Spinat ganz oder zur Hälfte durch junge Brennnesseln ersetzen, die Minze weglassen.

Fenchelrisotto mit Zitrone

> 4 feine Fenchelknollen, in feinste Scheiben
> geschnitten
> Olivenöl zum Braten
> Salz
> einige Fenchelsamen, im Mörser zerstoßen
> 50 ml Anisschnaps (Pastis) oder Wodka
> 1 Rezeptmenge Risotto bianco, Seite 19:
> Zwiebel durch Schalotten ersetzen
> 1 Zitrone, Saft und Schale

■ Den Fenchel im Öl braten, bis er leicht Farbe annimmt. Mit Salz und Fenchelsamen würzen. Mit Anisschnaps oder Wodka ablöschen, einkochen.
■ Risotto bianco: Die Schalotten dünsten. Den Reis dazustreuen, dünsten. Mit Wein ablöschen, einkochen. Den Fenchel mit Zitronensaft und -schale beifügen. Weiter nach Rezept.

Rote-Beete-Risotto mit Kreuzkümmel

> 8–12 Baby-Rote Beeten mit Kraut oder 4 kleine Rote Beeten
> Olivenöl
> 1 Rezeptmenge Risotto bianco, Seite 19:
> rote Zwiebel verwenden
> ¼ TL Kreuzkümmel, im Mörser fein zerstoßen,
> oder ½ Vanillestängel, ausgeschabtes Mark

■ Das Rote-Beeten-Kraut (wenn vorhanden) in Streifen schneiden, beiseitestellen. Die Rote-Beeten gründlich waschen, mit Öl bepinseln und in Alufolie wickeln. In der Mitte des auf 225 Grad vorgeheizten Backofens 30–50 Minuten weich schmoren. Herausnehmen, die Haut abziehen und die Rote-Beeten fein hacken.
■ Risotto bianco: Zwiebel dünsten. Den Reis mit dem Rote-Beeten-Kraut dazustreuen, dünsten. Mit Wein ablöschen, einkochen. Die Randen mit dem Kreuzkümmel oder Vanillemark beifügen. Weiter nach Rezept.

Risotto mit Zitronenbasilikum

**1 Rezeptmenge Risotto bianco, Seite 19: rote
Zwiebel verwenden, Weißwein weglassen
1 Bund feinblättriger Zitronenbasilikum,
Blättchen
100 g frische Ricotta, z. B. Schafsricotta**

■ Risotto bianco nach Rezept zubereiten:
Am Schluss Basilikum und Ricotta mit Butter
und Parmesan unter den Risotto mischen.

Tipp
Mit den Basilikumsorten spielen:
Die Aromen können von Orange über Zimt
bis Lakritze reichen – ausprobieren.

Risotto mit Rosmarin

**1 Rezeptmenge Risotto bianco, Seite 19:
Zwiebel durch 2 Knoblauchzehen ersetzen
1–2 Rosmarinzweige
2 frische Lorbeerblätter
1 TL gehackter Rosmarin**

■ Risotto bianco: Den Knoblauch mit den
Rosmarinzweigen und dem Lorbeer dünsten.
Weiter nach Rezept. Am Schluss den gehackten Rosmarin mit Butter und Käse unter
den Risotto mischen.

Variante
Statt Weißwein ¼ l kräftigen Rotwein
verwenden. Am Schluss 150 g kleine rote
Trauben in Butter kurz warm werden lassen
und auf dem Risotto anrichten.

Risotto mit Erdbeeren

**1 Rezeptmenge Risotto bianco, Seite 19:
Zwiebel durch Schalotten, Weißwein
durch trockenen Marsala oder italienischen
Süßwein ersetzen, Parmesan weglassen
150–400 g reife aromatische Erdbeeren,
in Scheiben geschnitten
50 g frische Ricotta, z. B. Schafsricotta
Zitronenbasilikum zum Bestreuen**

■ Risotto bianco: Die Schalotten dünsten.
Die Erdbeeren beifügen und dünsten, bis sie
die rote Farbe verlieren. Den Reis dazustreu-
en, dünsten. Mit Marsala oder Süßwein ablöschen, einkochen. Weiter nach Rezept. Am
Schluss den Ricotta mit der Butter unter
den Risotto mischen. Mit Basilikum bestreut
servieren.

Variante
Schmeckt auch gut mit einem leicht
süßen Sherry zubereitet.

Risotto mit Orangen

1 Rezeptmenge Risotto bianco, Seite 19:
Zwiebel durch Schalotten ersetzen, Wein und
Butter am Schluss weglassen
2 Blut- oder Blondorangen, Saft
1 unbehandelte Orange, Schale
2 EL Doppelrahm
2 EL gehackte glattblättrige Petersilie

■ Risotto bianco: Die Schalotten dünsten.
Den Reis dazustreuen, dünsten. Mit 200 ml
Bouillon ablöschen, einkochen. Orangensaft
und -schale beifügen. Weiter nach Rezept.
Am Schluss den Doppelrahm und die
Petersilie mit dem Käse unter den Risotto
mischen.

Risotto mit Feigen und Mandeln

8 getrocknete Feigen mit Mandeln
und Anissamen
1 Rezeptmenge Risotto bianco, Seite 19:
Zwiebel durch 1 kleine Fenchelknolle, Weiß-
wein durch trockenen Marsala, Parmesan
durch Ricotta ersetzen

■ Die Feigen und Mandeln sehr fein
hacken.
■ Risotto bianco: Den Fenchel mit den
Feigen dünsten. Den Reis dazustreuen,
dünsten. Mit Marsala ablöschen, einkochen.
Weiter nach Rezept. Am Schluss den Ricotta
mit der Butter unter den Risotto mischen.

Risotto mit Kirschen

1 Rezeptmenge Risotto bianco, Seite 19:
Zwiebel durch Schalotten, Weißwein durch
Rotwein ersetzen, Butter am Schluss weg-
lassen
250–400 g reife dunkelrote Kirschen,
entsteint, halbiert, Saft aufgefangen
4 EL Doppelrahm

■ Risotto bianco: Die Schalotten dünsten.
Die Kirschen beifügen, dünsten. Den Reis dazustreuen, dünsten. Mit Rotwein ablöschen,
einkochen. Weiter nach Rezept. Am Schluss
den Doppelrahm mit dem Käse unter den
Risotto mischen.

Variante
1–2 Stück Sternanis oder wenig Zimt-
stange mitkochen.